聖書英語
なぞるだけ

宮崎伸治

雷鳥社

1　人を裁かない

❶

> 人をさばくな。自分がさばかれないためである。あなたがたがさばくそのさばきで、自分もさばかれ、あなたがたの量るそのはかりで、自分にも量り与えられるであろう。
>
> （マタイによる福音書 7:1-2）

❷　聖書はこのあとこう続きます。

「なぜ、兄弟の目にあるちりを見ながら、自分の目にある梁を認めないのか。自分の目には梁があるのに、どうして兄弟にむかって、あなたの目からちりを取らせてください、と言えようか。偽善者よ、まず自分の目から梁を取りのけるがよい。そうすれば、はっきり見えるようになって、兄弟の目からちりを取りのけることができるだろう」（マタイによる福音書 7:3-5）

とかく他人の欠点やミスは目につきやすいものです。特に、だれかと一緒に仕事をしていて、物事がうまくいかなくなったときは、ついつい相手の欠点やミスを責めたくなるものです。

しかし胸に手を当ててよく考えてみてください。

自分に欠点はないか。ミスをすることはないか。自分のことを棚に上げて、相手の欠点やミスばかり責めてはいないか。

この世に欠点がない人などいません。ミスをしない人もいません。他人の欠点やミスを裁いていると、自分の欠点やミスが露呈したとき、その人から許してもらえなくなります。逆に、他人を裁かなければ、自分も裁かれることが少なくなるでしょう。

他人の欠点やミスを裁きたくなったら、まずは自分の欠点やミスを振り返ってみましょう。そうすれば、容易く他人を裁いてはいけないことがわかるでしょう。

❶ご紹介する聖句（日本語）です。

❷聖句に関わる私のエッセーです。

❼

Don't judge, so that you won't be judged. For with whatever judgment you judge, you will be judged; and with whatever measure you measure, it will be measured to you.

✎ 単語・熟語

judge ▶ 裁く   measure ▶ 測定の基準

◯ ワンポイントアドバイス ◯

so that は「〜するために」や「〜するように」という意味で使います。in order that も同じ意味で使われますが、so that のほうがより口語的です。また、Check the list carefully so there will be no mistake.（間違いのないように入念にリストをチェックしなさい。）のように so that の that を略すことも可能です。

❸聖句（英語）を精読しましょう。

❹聖句の薄文字をなぞり、美しく書く練習をしましょう。

❺聖句を空欄に書き写し、その後は大学ノートなどに書きましょう。

❻ワンポイントアドバイスに目を通しましょう。

❼最後に、聖句を音読しましょう。

目　次

第5章　欲を手放す　97

紹介する聖句は『聖書 口語訳』（日本聖書協会）、ウェブサイト『日本語の聖書』
の「口語訳聖書」(http://bible.salterrae.net/kougo/html/)、
『World English Bible』(https://worldenglish.bible/) を参照しています。

一部、引用箇所の文意を考え、単語や記号・文末を、省略・変更しています。

はじめに

　私は40代半ばまで聖書とはまったく無縁の生活を送っていました。そんな私が聖書と出逢うや、まるで虜になったかのように繰り返し読むようになり、今では第一の愛読書として他のどの本よりも頻繁に読み返しています。

　聖書には人生を豊かにする教訓が豊富に含まれており、読むたびに心が洗われるような感覚にひたれますし、辛いことや哀しいことを乗り越える糧にもなります。私はそこに大きな魅力を感じています。

　私は聖書に出逢う前から、読んだ本の感銘を受けた箇所に赤線を引き、大学ノートに書き写すことを習慣にしていました。そうすることで、学んだ教訓が頭に定着しやすくなるだけでなく、文章力を磨くことができ、漢字や言葉を正確に覚えられ、字を綺麗に書く練習にもなっています。聖書と出逢ってからは、この習慣をもっぱら聖書で行なうようになりました。今では6か国語の聖書を書き写し、外国語のライティング力をつけることにも役立たせています。

　今回、この習慣を多くの外国語学習者にも体験していただきたいと思い、私が感銘を受けた聖句を抽出し、私のメッセージとともにご紹介する本を作ることにしました。

　本書を使い続けることで、ライティング力の向上を実感していただけるかと思います。書く力をつけるには、実際に手を動かして書くことが不可欠なのです。クリスチャンでない読者の方にはご自身の信条とは異なる聖句もあるかもしれませんが、納得できる聖句を学ぶだけでも十分に役立つことでしょう。ぜひお気に入りの聖句を見つけて書き写してみて下さい。書くことで内容が身体に染み込みますので、本書が皆様の外国語学習の助けとなり、ひいては人生が豊かになるきっかけとなれば、これにまさる喜びはありません。

　　　　　　　　　　　　　　　　　　　　　　　　　　宮崎伸治

第 1 章

おおらかな
心を持つ

1 人を裁かない

人をさばくな。自分がさばかれないためである。あなたがたがさばくそのさばきで、自分もさばかれ、あなたがたの量るそのはかりで、自分にも量り与えられるであろう。

（マタイによる福音書 7:1-2）

聖書はこのあとこう続きます。

「なぜ、兄弟の目にあるちりを見ながら、自分の目にある梁を認めないのか。自分の目には梁があるのに、どうして兄弟にむかって、あなたの目からちりを取らせてください、と言えようか。偽善者よ、まず自分の目から梁を取りのけるがよい。そうすれば、はっきり見えるようになって、兄弟の目からちりを取りのけることができるだろう」（マタイによる福音書 7:3-5）

とかく他人の欠点やミスは目につきやすいものです。特に、だれかと一緒に仕事をしていて、物事がうまくいかなくなったときは、ついつい相手の欠点やミスを責めたくなるものです。

しかし胸に手を当ててよく考えてみてください。

自分に欠点はないか。ミスをすることはないか。自分のことを棚に上げて、相手の欠点やミスばかり責めてはいないか。

この世に欠点がない人などいません。ミスをしない人もいません。他人の欠点やミスを裁いていると、自分の欠点やミスが露呈したとき、その人から許してもらえなくなります。逆に、他人を裁かなければ、自分も裁かれることが少なくなるでしょう。

他人の欠点やミスを裁きたくなったら、まずは自分の欠点やミスを振り返ってみましょう。そうすれば、容易く他人を裁いてはいけないことがわかるでしょう。

Don't judge, so that you won't be judged. For with whatever judgment you judge, you will be judged; and with whatever measure you measure, it will be measured to you.

✏ 単語・熟語

judge ▶ 裁く   measure ▶ 測定の基準

⬤ ワンポイントアドバイス ⬤

so that は「〜するために」や「〜するように」という意味で使います。in order that も同じ意味で使われますが、so that のほうがより口語的です。また、Check the list carefully so there will be no mistake.（間違いのないように入念にリストをチェックしなさい。）のように so that の that を略すことも可能です。

2 人の過ちを許す

> もしも、あなたがたが、人々のあやまちをゆるすならば、あなたがたの天の父も、あなたがたをゆるして下さるであろう。 もし人をゆるさないならば、あなたがたの父も、あなたがたのあやまちをゆるして下さらないであろう。
>
> （マタイによる福音書 6:14-15）

新約聖書にペテロがイエスにこう尋ねる場面があります。

「兄弟がわたしに対して罪を犯した場合、幾たびゆるさねばなりませんか。七たびまでですか」（マタイによる福音書 18:21）

さて、自分に対して罪を犯す人がいたとして、その人を何回までなら赦せるでしょうか。

想像してみてください。1 回ですか、2 回ですか、3 回ですか。それとも 1 回でも赦せないでしょうか。

このペテロの質問にイエスは、なんと「七たびを七十倍[1]するまでにしなさい」と答えたのです。（マタイによる福音書 18:22）

"罪"でさえも、7 回の 70 倍も赦しなさいというのですから、単なる"過ち"や"失敗"だったら、もう無限にでも赦してあげてもいいものです。

人間、だれしも"過ち"や"失敗"を犯すものなのです。故意に犯したのでなければ、この聖句を思い出して、笑って赦してあげましょう。

---

1 これは赦すことを決して止めてはならないという意味である。写本によっては 77 回となっているものもある。いずれにしても我々が通常想像しうる回数とは比べようもないくらい多いことには違いない。

If you forgive men their trespasses, your heavenly Father will also forgive you. But if you don't forgive men their trespasses, neither will your Father forgive your trespasses.

forgive ▶ 許す   trespass ▶ （道徳上の）罪   heavenly ▶ 天国の

Father ▶ 神

ワンポイントアドバイス

「許す」を英語で表現する場合、コンテキストによって英語を使い分ける必要があります。「〜したことについて容赦する」場合は forgive、「失礼・軽い過失を容赦する」場合は excuse、「大目に見る」場合は overlook を使います。同じ「許す」でも「許可する」場合は、permit（〜することを許可する）、admit（入学・入会を許可する）、approve（認める）などを使い分けます。

3 子供のように素直になる

よく聞きなさい。心をいれかえて幼な子[2]のようにならなければ、天国にはいることはできないであろう。この幼な子のように自分を低くする者が、天国でいちばん偉いのである。

（マタイによる福音書 18:3-4）

英語[3]には「幼子のようだ」に相当する言葉として childlike と childish の２つがあります。同じ「幼子のようだ」という意味でも、前者は良いニュアンス、後者は悪いニュアンスがあります。

フランク・ゴーブル[4]は「自己実現する人」の特徴として「彼らは一種の謙遜をももっている。彼らは他人の意見に慎重に耳を傾け、自分はすべてを知っているのではなく、他人から何かを教えてもらえるのだということを認めている」と述べ、続いて「このことは、子供のような単純さおよび傲慢の欠如と定義されうる」と言い換えています[5]。

確かに、幼い子は偏見が少ないので、世の中を批判的な目では眺めませんし、自分の価値観を他人に押しつけることも少ないでしょう。逆に、人生経験が長くなればなるほど、傲慢な態度を取りやすくもなるのです。

上の聖句は、傲慢な態度を改めよという意味で「幼子のようにならなければ天国に入れない」と、教えてくれているのです。

2 権力を持つことが神の国に入る条件にはなっていないこと、むしろ従順さのほうが大切であることをイエスは説いた。
3 新約聖書はもともとギリシャ語で書かれたものである。ここではあくまで話として英語の例を挙げている。
4 心理学者アブラハム・マズローは人間の欲求の階層（マズローの欲求のピラミッド）を主張したことでよく知られているが、彼が残した膨大な作品を簡潔にまとめたのがフランク・ゴーブルである。
5 『マズローの心理学』（フランク・ゴーブル著、小口忠彦監訳、産業能率大学出版部、1972年、41ページ）

Most certainly I tell you, unless you turn and become as little children, you will in no way enter into the Kingdom of Heaven. Whoever therefore humbles himself as this little child is the greatest in the Kingdom of Heaven.

単語・熟語

certainly ▶ 自信をもって   in no way ▶ 決して   Kingdom ▶ 王国

heaven ▶ 天国   humble oneself ▶ 謙遜する

◯ ワンポイントアドバイス ◯

unless は「〜でない限り」や「〜しない限り」という意味で、if 〜 not（もし〜でなければ）と言い換えることができる場合があります。ただし、if 〜 not と比べると排他的な意味が強く、except if に近いニュアンスがあります。

4 善を積む

> 兄弟たちよ。あなたがたにお勧めする。怠惰な者を戒め、小心な者を励まし、弱い者を助け、すべての人に対して寛容でありなさい。だれも悪をもって悪に報いないように心がけ、お互に、またみんなに対して、いつも善を追い求めなさい。
>
> （テサロニケ人への第一の手紙 5:14-15）

哲学者カント[6]の『道徳形而上学原論』を読んでいたとき、私の人生を根底から変える次の一節に出逢いました。

「我々の住む世界においてはもとより、およそこの世界のそとでも、無制限に善と見なされ得るものは、善意志のほかにはまったく考えることができない」[7]

私はこの一節に出逢ったとき、こう決意したのです。

「私も人間である以上、欠点はあるし、間違いも犯す。しかし何をするにせよ善意志から行動を起こそう。その結果、たとえ誤解されたり冷遇されたりしても悪く思わないようにしよう。私の言動を他人がどう評価するかに一喜一憂せず、善意志を抱き続けよう。それこそ、人間として最も価値のあることなのだから」

カントが見抜いていたとおり、この世は理想的な世界ではありません。理不尽なことも起こるし、間違いも起きます。嫌なことがあったからといって、悪意を持って悪に報いていては諍いは絶えません。その悪循環を絶つには、私たち一人ひとりが善意志を抱き続けることが必要なのです。

6 イマヌエル・カント。ドイツの哲学者『純粋理性批判』『実践理性批判』『判断力批判』の三批判書を発表し、認識論における「コペルニクス的転回」をもたらした。
7 『道徳形而上学原論』（カント著、篠田英雄訳、岩波文庫、1976年、22ページ）

We exhort you, brothers: Admonish the disorderly;
encourage the faint-hearted; support the weak;
be patient toward all. See that no one returns evil for
evil to anyone, but always follow after that which is
good for one another and for all.

✎ 単語・熟語

exhort ▶ 奨励する　　admonish ▶ 訓告する　　disorderly ▶ 騒々しい

encourage ▶ 励ます　　faint-hearted ▶ 気の弱い　　support ▶ 支える

◯ ワンポイントアドバイス ◯

exhort は「奨励する」という意味の強い言葉で、exhort her to work harder（彼女にもっとよく働くように説く）という使い方をします。似た意味の単語として advice(忠告する)、urge(熱心に勧める) があります。

5 自分ではなく、隣人を喜ばせる

> わたしたち強い者は、強くない者たちの弱さをになう
> べきであって、自分だけを喜ばせることをしてはならな
> い。わたしたちひとりびとりは、隣り人の徳を高めるた
> めに、その益を図って彼らを喜ばすべきである。キリ
> ストさえ、ご自身を喜ばせることはなさらなかった。
>
> (ローマ人への手紙 15:1-3)

私は、ある程度親しくなった人に対して、どんな夢を持っているか訊くことがあります。返答は「豪邸に住みたい」「昇進したい」「早くリタイアしてのんびり暮らしたい」「再婚したい」「子供の幸せを望んでいる」…と多岐にわたります。これらは「自分を満足させること」に関するという共通点があります。配偶者や子供の幸せを願ったとしても、それは「自分を満足させること」の延長なのです。

もちろん「自分を満足させること」を願うことがいけないわけではありません。ただ、それだけに拘ってしまうと、自分を満足させることが難しいだけでなく、不満が募りやすいのです。仮に自分を満足させることができたとしても小さな満足で終わるでしょう。

例えば、料理の腕前を磨いたとして、自慢の料理を自分一人だけで食べて終わりにしたいですか。それともその料理を食する喜びを多くの人たちと分かち合いたいですか。きっとほとんどの人は後者を選ぶことでしょう。自分一人だけの喜びにしておくのは、あまりにもったいないからです。

それと同じで、他人と分かち合ってこそ、それだけ大きな喜びが得られるのです。隣人をも喜ばせることができれば、喜びはさらに大きくなります。

隣人を喜ばせることを考えましょう。じつはそれが自分を最も喜ばせる方法なのです。

Now we who are strong ought to bear the weaknesses of the weak, and not to please ourselves. Let each one of us please his neighbor for that which is good, to be building him up. For even Christ didn't please himself.

✎ 単語・熟語

▶

please ▶ 喜ばせる　　　　**build up** ▶ 強める

⬭ **ワンポイントアドバイス** ⬭

ought は「道徳・社会通念・健康上の理由などに基づく義務・忠告・助言」を意味する単語であり、「ought to do」で「〜すべきである」という意味になります。must よりは意味が弱いですが、should よりは強いです。また、ought to は客観的な規則などに、should は主観的な判断に基づくという違いはありますが、両者は交換可能なケースがあります。

6 見返りを期待しない

> 敵を愛し、人によくしてやり、また何も当てにしないで貸してやれ。そうすれば受ける報い[8]は大きく、あなたがたはいと高き者の子[9]となるであろう。いと高き者は、恩を知らぬ者にも悪人にも、なさけ深いからである。
>
> （ルカによる福音書 6:35）

だれかのために何かをするとき、その人から何らかの見返りを期待するでしょうか。

一口に「見返り」といっても、モノ以外のこともあります。例えば、感謝の言葉であったり賞賛であったり笑顔であったり…。しかし、何であれ、見返りを期待して人によくしてあげているのであれば、それは本当にその人によくしてあげたいからしているのではなく、"自分のために"（つまり相手から見返りがほしいがために）していることになります。もしそうだとしたら、そこに道徳的価値はありません。

上の聖句に「いと高き者は、恩を知らぬ者にも悪人にも、なさけ深いからである」とあるように、あるいは「天の父は、悪い者の上にも良い者の上にも、太陽をのぼらせ、正しい者にも正しくない者にも、雨を降らして下さる」[10]という聖句があるように、本当の親切というのは、見返りを期待しない一方的な行為であり、見返りを期待しないからこそ道徳的価値があるのです。

人によくするときは、見返りを期待しないようにしましょう。神はそこまできちんと見てくださっています。

8　ここにおける「報い」とは、神によって与えられる自由な無償の報酬のことである。「報い」を望むことは、正しい行為の動機とはならないことを聖書は教えてくれている。

9　ここでいう「子」とは年齢的に「子供」という意味ではなく、「神の家族の一員」という意味である。

10　マタイによる福音書 5:45

Love your enemies, and do good, and lend, expecting nothing back; and your reward will be great, and you will be children of the Most High; for he is kind toward the unthankful and evil.

enemy ▶ 敵   lend ▶ 貸す   expect ▶ 期待する

reward ▶ 報酬   unthankful ▶ 感謝の念がない

◯ ワンポイントアドバイス ◯

日本語の「敵」に相当する英単語は複数あり、「かたき」の意味のときは enemy、「対戦相手」の意味のときは opponent、「好敵手」の意味のときは rival を使います。

7 非難を遠ざける

> わたしはあなたがたに言う。兄弟[11]に対して怒る者は、だれでも裁判を受けねばならない。兄弟にむかって愚か者と言う者は、議会に引きわたされるであろう。また、ばか者と言う者は、地獄の火に投げ込まれるであろう。
>
> (マタイによる福音書 5:22)

対人スキルの各種コースの開発者であったデール・カーネギー[12]の言葉に次のようなものがあります。

「人を批評したり、非難したり、小言をいったりすることは、どんなばか者でもできる。そして、ばか者にかぎって、それをしたがるものだ」[13]

私は自分が非難されたとき、この言葉を思い出すことにしています。

デール・カーネギーがいみじくも言っているとおり、非難はだれでもできる簡単なことなのです。子供でもできるし、愚か者でもできるのです。

そして、これまた彼が言うとおり、愚か者ほどそれをしたがるのです。

非難されたとき、悔しさから言い返したとしても、口論になってしまうだけです。そのため私は、非難されても、その内容を吟味し、まともだと思えない場合は、上の聖句を思い出して腹を立てないことにしています。

非難する人はほうっておけばいいのです。ほうっておけば、聖句にあるとおり、地獄の火に投げ込まれるでしょう。

---

11 ここでの「兄弟」は一般的に同胞あるいは仲間を指す。
12 アメリカの作家。『人を動かす』『道は開ける』などの著書がある。
13 『人を動かす』[新装版](デール・カーネギー著、山口博訳、創元社、1999 年、27 ページ)

I tell you that everyone who is angry with his brother without a cause will be in danger of the judgment. Whoever says to his brother, 'Raca!' will be in danger of the council. Whoever says, 'You fool!' will be in danger of the fire of Gehenna.

単語・熟語

cause ▶ 理由

in danger of ▶ ～の危険がある

raca ▶ 愚か者

council ▶ 審議会

Gehenna ▶ 地獄

◯ ワンポイントアドバイス ◯

「地獄」を意味する一般的な単語としては hell がありますが、新約聖書で使われる「Gehenna(ゲヘナ)」は神が悪い行ないをする者を火の中で苦しませる裁きの場としての地獄のことです。

8 知性と理性を磨く

> わたしはこう祈る。あなたがたの愛[14]が、深い知識において、するどい感覚において、いよいよ増し加わり、それによって、あなたがたが、何が重要であるかを判別することができるように。
>
> （ピリピ人への手紙 1:9-10）

聖書は愛の大切さが随所に説かれています。「もし愛がなければ、わたしは無に等しい」[15]とまで記されています。

確かに愛も大切ですが、知性や理性を磨くことも心がけましょう。なぜなら、そうすることによって愛が何倍も輝くからです。逆に、知性や理性が磨かれていなければ、親切のつもりが徒となるかもしれません。

キリスト教でいう「愛」とは「個人的な感情を超越した、幸せを願う心」のことです。例えば、困っている人を助けてあげようと思って行動することや、悩んでいる人の相談にのってあげることなど

は、まさに愛の行為といえるでしょう。

しかし、いくら相手を助けてあげたいという気持ちがあっても、それが徒となることもあります。例えば、法的なアドバイスを必要としている人を助けてあげようとしても、法的知識がない人がアドバイスをしてしまうと、悪い結果をもたらしかねません。相手の幸せを願う気持ちが一番大切ですが、気持ちだけがすべてではないのです。

愛は大切です。しかし、知性や理性を磨くことも怠らないようにしましょう。そうすることで、愛は何倍も輝きを増します。

---

14 キリスト教における「愛」は、感情に影響されたものではなく、理性に基づくものであり、愛するためには成長と成熟が要求される。

15 コリント人への第一の手紙 13:2

This I pray, that your love may abound yet more and more in knowledge and all discernment, so that you may approve the things that are excellent.

✎ 単語・熟語
▶

abound in ▶ いっぱいある　　　　**discernment** ▶ 洞察力　　　　**approve** ▶ 認可する

◯ ワンポイントアドバイス ◯

abound in は「（動物・物が）いっぱいいる、いっぱいある」という意味にも「（動物・物が）満ちている」という意味にも使えます。それぞれ使用例を挙げておきましょう。

前者の例 Cows abound in that meadow.（あの草地には牛がたくさんいる。）

後者の例 This meadow abounds in frogs.（この草地にはカエルがうようよいる。）

後者のほうは、be full of を使って、This meadow is full of frogs. と言い換えることができます。ちなみに、be full of は abound in より口語的な表現です。

9 要らない人はいない

目は手にむかって、「おまえはいらない」とは言えず、
また頭は足にむかって、「おまえはいらない」とも言え
ない。そうではなく、むしろ、からだのうちで他より
も弱く見える肢体が、かえって必要なのです。

（コリント人への第一の手紙 12:21-22）

この聖句は、劣っている人を見下す癖のある自信過剰な人をいさめるために書かれたものであると解釈されています。

自信過剰な人は劣っている人を見るとつい「こんな人は要らない」と思いがちです。しかし、会社、学校、団体、家族といったグループが存続していくには、その内にいるみんなとうまくやっていく必要があります。要らない人などいないのです。

現実問題として、「あの人は要らない、この人も要らない」などと言っていたら、やがてグループは崩壊してしまいます。

自信過剰な人がまず理解すべきことは、グループの構成員は一心同体であるということです。何かの点で劣っているからといって不要な人などいないのです。グループ内のだれかが苦しめば、やがてそのグループに悪影響が及び始め、最終的に自分自身まで苦しむことになります。

The eye can't tell the hand, "I have no need for you,"
or again the head to the feet, "I have no need for you."
On the contrary, those members of the body which seem
to be weaker are necessary.

✎ 単語・熟語

on the contrary ▶ それどころか

◯ ワンポイントアドバイス ◯

on the contrary は、相手の言葉を否定したり、自分の否定的な意図を明確にさせたりする場合に使います。
例 "Your father looks young." " On the contrary, he is over fifty."
「あなたのお父さんは若く見えるね」「とんでもない、50 過ぎだよ」

10 他人を大切にする

互に愛し合うことの外は、何人にも借りがあってはならない。人を愛する者は、律法[16]を全うするのである。（略）どんな戒めがあっても、結局「自分を愛するようにあなたの隣り人を愛せよ」というこの言葉に帰する。

（ローマ人への手紙 13:8-9）

　イエス・キリストは、私たち人間の最大かつ永遠の課題として隣人愛を説きました。

　では、「隣人」とはいったいだれのことを指すのでしょうか。近所に住んでいる人のことでしょうか。それとも一緒に働いている人のことでしょうか。そうではありません。「隣人」とは直接自分とは関係ない他人のことを指しており、敵も含んでいます。

　「愛」といえば、自分の子供への愛、恋人への愛、友達への愛…を考える人が多いかもしれません。しかし好きな人を愛することは簡単なことなのです。一方、「隣人愛」は、共にいる人々の幸せに向けた自主的かつ利他的な意志から行動することであり、好きでもない人を大切にするということですから容易いことではありません。だからこそ、高い価値があるのです。

　一人ひとりが隣人愛に基づいて行動すれば、世の中から諍いは減るでしょう。そのスタートを切りましょう。そう、隣人の幸せを考えることから始めるのです。

16　「律法」の原語「トーラー」には「教え」という意味があり、ここでいう「律法」も単なる法律のことではなく、神の聖なる意志の啓示を意味している。

17　原典では、,"You shall not commit adultery," "You shall not murder," "You shall not steal," "You shall not covet," and whatever other commandments there are, だが、本書では省略した。

Owe no one anything, except to love one another; for he who loves his neighbor has fulfilled the law. For the commandments (...)[17] are all summed up in this saying, namely, "You shall love your neighbor as yourself."

✐ 単語・熟語

owe ▶ 借りている　　　　neighbor ▶ 隣人　　　　fulfill ▶ 満たす

commandment ▶ 掟　　　　sum up ▶ 要約する　　　　namely ▶ つまり

◯ ワンポイントアドバイス ◯

「つまり」を意味する namely は書き言葉で用いられることが多く、文頭ではなく挿入的に用いられます。一方、似た意味を持つ that is (to say) は主に話し言葉で用いられ、文頭・文中・文末のどこでも用いることができます。

聖 書 の 基 礎 知 識 ❶

[キリスト教]

　キリスト教はイスラム教、仏教と並ぶ世界三大宗教の一つに数えられており、ローマ・カトリック教会、東方正教会、プロテスタント諸教会の３つの流れがあります。その信徒数は世界最大といわれ、キリスト教の正典である聖書も、世界史上最も多くの人に読まれています。

　キリスト教は、人類の罪を救済するために十字架につき、のちに復活したイエスをキリスト（救世主）と信じる宗教です。ユダヤ教を母体として１世紀中心ごろパレスチナに起こり、４世紀末にローマ帝国の国教となり、欧米を中心に世界に広まりました。

[旧約聖書と新約聖書]

　キリスト教の正典である『聖書』は旧約聖書と新約聖書に分かれています。この２つの成り立ちは大きく違っており、旧約聖書はイエス・キリスト以前のことがおもにヘブライ語で書かれており、新約聖書はイエス・キリストと弟子たちのことがギリシャ語で書かれています。ちなみにユダヤ教では旧約聖書のみを正典としています。

　旧約・新約の「約」とは、神と人間との契約を意味しており、「旧約」とは「神がモーセ[18]を通して人類に与えた契約」、「新約」とは「神がイエス・キリストをもって新たに人類に与えた契約」を意味しています。

　旧約聖書は全39巻で、「モーセ五書」「歴史書」「詩書・文学書」「預言書」からなります。一方、旧約聖書を受け継いだ新約聖書は全27巻で、「福音書」「歴史書」「パウロ書簡」「公同書簡」「黙示文学」からなります。

18　紀元前13世紀ごろのイスラエル民族の指導者。

第 2 章

ひと呼吸おく

11 悪い言葉は使わない

> 悪い[1]言葉をいっさい、あなたがたの口から出してはいけない。必要があれば、人の徳を高めるのに役立つような言葉を語って、聞いている者の益になるようにしなさい。
>
> （エペソ人への手紙 4:29）

新約聖書には「悪い言葉」についてこう記されています。

「不品行といろいろな汚れや貪欲などを、聖徒にふさわしく、あなたがたの間では、口にすることさえしてはならない。また、卑しい言葉と愚かな話やみだらな冗談を避けなさい。これらは、よろしくない事である。それよりは、むしろ感謝をささげなさい」（エペソ人への手紙5:3-4）

知らない人たちの会話で、みだらな言葉や卑わいな言葉がきこえてきたらいやなのに、自分は気を許した友人の前でつい使ってしまっていることはないでしょうか。

聖書には「悪い言葉はいっさい口から出してはいけない」と記されています。なぜなら下品な言葉を使っていれば下品な人間になり、愚かな言葉を使っていれば愚か者になるからです。

口から出す言葉は、良い言葉だけにしましょう。良い言葉とは、例えば、感謝の言葉、他人を励ます言葉、他人の長所を褒める言葉、他人の徳を高める言葉、他人に知識を与える言葉などです。

言葉には気をつけましょう。良い言葉だけ使うようにしましょう。良い言葉を使うことこそ、良い人間になる確実な方法なのですから。

---

1 ここでいう「悪い」とは「腐っている」という意味としても解釈できる言葉である。

Let no corrupt speech proceed out of your mouth, but only what is good for building others up as the need may be, that it may give grace to those who hear.

✎ 単語・熟語

corrupt ▶ 有害な　　　　proceed ▶ 発生する　　　　grace ▶ 恵み

● ワンポイントアドバイス ●

corrupt は物理的に「汚れた」という意味以外にも「道徳的に堕落した、頹廃した」「不純な、有害な」「賄賂のきく、地位を悪用した」「（テキスト・原稿などが誤写・改変によって）改悪された、原文が損なわれた」という意味のある言葉です。それぞれ使用例を挙げておきましょう。

a corrupt film ＝「不健全映画」

corrupt ideas ＝「危険な思想」

corrupt practices ＝「（選挙などでの）賄賂、汚職」

a corrupt mayor ＝「悪徳市長」

a corrupt text ＝「間違いだらけの本文」

12 すぐに怒らない

> 愛する兄弟たちよ。このことを知っておきなさい。人はすべて、聞くに早く、語るにおそく、怒るにおそくあるべきである。人の怒り[2]は、神の義を全うするものではないからである。
>
> (ヤコブの手紙 1:19-20)

P.G. ハマトン[3]は「友情の死」について次のように述べています。

「友情の死の中には、本当に寂しく哀しい死もあって、それは後々までも一生われわれの心に暗い影を落とすことになります。それは、容易に避けられたかもしれないのに、不幸にも誤って癇癪を起こし、友人の親切な心を傷つけ、その心の内にあったやさしい心根を殺してしまった時です」[4]

いくら親しい友達だったとしても、思いやりのないたった一言で友情が壊れることがあります。言ってしまったが最後、もう元には戻らないのです。

思い返してみてください。ずっと親しく付き合っていたのに、たった一言の思いやりのない言葉のために友情が壊れてしまった経験はないでしょうか。

相手から思いやりのない言葉をかけられたために壊れたのであればしかたありません。しかし、自分から思いやりのない言葉を投げかけるのは止めましょう。腹立たしいことがあっても、まず一呼吸おきましょう。冷静になれば、怒るほどのことでもないことがわかるかもしれません。

2 「怒り」には「人の怒り」と「神の怒り」とがある。「神の怒り」とは、人間が神の愛と真実の意志に背いたときに、神が人間に対して示す"聖なる現れ"のことである。
3 イギリスの芸術家、作家。『知的生活』『知的人間関係』などの著作がある。
4 『知的人間関係』(P.G. ハマトン著、渡部昇一・下谷和幸訳、講談社学術文庫、1993年、167ページ)

My beloved brothers, let every man be swift to hear, slow to speak, and slow to anger; for the anger of man doesn't produce the righteousness of God.

単語・熟語

beloved ▶ 最愛の　　　　swift ▶ すばやい　　　　produce ▶ 生み出す

righteousness ▶ 正義

ワンポイントアドバイス

swift は「迅速な、すばやい」という意味の単語です。fleet ほど文語的ではありませんが、fast や quick よりは堅い言葉です。ちなみに、反意語は slow です。swift を使った例を挙げておきましょう。

in a swift manner ＝「敏速な動作で」

He is swift of foot. ＝「彼は足が速い。」

swift and sure ＝「速くて確かな」

make a swift trip into town ＝「ちょっと町へ行く」

13 発言に責任を持つ

> あなたがたに言うが、審判の日[5]には、人はその語る無益な言葉[6]に対して、言い開きをしなければならないであろう。あなたは、自分の言葉によって正しいとされ、また自分の言葉によって罪ありとされるからである。
>
> （マタイによる福音書 12:36-37）

　ギリシャ語の「ロゴス」は日本語では「言葉」と訳されますが、「理性」という意味もあります。

　人間と動物の最大の違いは「言葉（ロゴス）」が使えるか否かです。これは言い換えれば、「理性（ロゴス）」を持っているか否かともいえるでしょう。つまり人間だけが「理性（ロゴス）」を持っているということです。

　自分の周りに「どうしてそんなひどいこと言うの」と思うような、無益な言葉、つまらない言葉、汚い言葉を使う人はいるでしょうか。

　無益な言葉、つまらない言葉、汚い言葉を使う人は、それだけ「理性（ロゴス）」に欠けているということでもあり、動物により近いともいえます。

　理性（ロゴス）に欠ける行動をした人はその責任を負わなければなりませんが、それと同じように言葉（ロゴス）の使い方を間違ってしまうとその責任を負わなければなりません。

　ロゴス（言葉、理性）の使い方によって、私たちは正しい人にも間違った人にもなりえます。私たち人間は何を言っても許されるわけではありません。できるだけ理性的な言葉を使うように心がけましょう。

5　最後の審判の日（世界の終焉後に人間が生前の行ないを審判され、天国行きか地獄行きを決められる日）のことを指している。

6　訳本によっては「つまらない言葉」と訳されている。

I tell you that every idle word that men speak, they will give account of it in the day of judgment. For by your words you will be justified, and by your words you will be condemned.

idle ▶ 価値のない　　　　　account ▶ 釈明　　　　　justify ▶ （人・事が）正しいとする

condemn ▶ 有罪と判決する

ワンポイントアドバイス

類義語をチェックしてみましょう。

「根拠のない」＝ idle, groundless, baseless

「なまけた」＝ idle, lazy, indolent

「弁護する」＝ justify, defend, plead

「弁明する」＝ justify, excuse, explain, plead, right oneself

「非難する」＝ condemn, blame, accuse, censure, reproach, rebuke

14 愚かで無知な議論は避ける

あなたは若い時の情欲[7]を避けなさい。そして、きよい心をもって主を呼び求める人々と共に、義と信仰と愛と平和とを追い求めなさい。愚かで無知な論議をやめなさい。それは、あなたが知っているとおり、ただ争いに終るだけである。

（テモテへの第二の手紙 2:22-23）

デール・カーネギーは議論について次のように述べています。

「議論に勝つことは不可能だ。もし負ければ負けたのだし、たとえ勝ったにしても、やはり負けているのだ。なぜかといえば——仮に相手を徹底的にやっつけたとして、その結果はどうなる？——やっつけたほうは大いに気をよくするだろうが、やっつけられたほうは劣等感を持ち、自尊心を傷つけられ、憤慨するだろう」[8]

これは上の聖句の「無知な論議」のことを言っているのです。

議論そのものが悪いわけではありません。「自分が正しい」という思い込みから相手をやっつけるために議論するのではなく、お互いが「自分が気づいていない点もあるかもしれない、相手の主張に耳を傾けてみよう」という謙虚な態度で議論に臨むのであれば、お互いが高みに登っていける可能性があります。

ただし、自分が謙虚な態度を持っていても、相手が傲慢な人であればその可能性はありません。そのような人とは最初から議論などしないのが正解なのです。

悪いのは「無知な論議」です。そのようなものは避けるのが最善の策です。上の聖句にもあるとおり、「ただ争いに終るだけ」のことだからです。

7　ここでいう「若いときの情欲」とは、偽りの教え、自己抑制の欠如、神を愛するよりも快楽を愛することなどを指す。
8　『人を動かす』［新装版］（デール・カーネギー著、山口博訳、創元社、1999 年、159 ページ）

Flee from youthful lusts; but pursue righteousness, faith, love, and peace with those who call on the Lord out of a pure heart. But refuse foolish and ignorant questionings, knowing that they generate strife.

✏ 単語・熟語

flee ▶ 逃げる　　　　　youthful ▶ 若者らしい　　　　pursue ▶ 追い求める

call on ▶ 求める　　　　Lord ▶ 神　　　　　　　　refuse ▶ 拒絶する

ignorant ▶ 無知の　　　generate ▶ 生み出す　　　　strife ▶ 争い

◯ ワンポイントアドバイス ◯

those who は「〜する人々」「〜な人々」という意味ですが、those people who の people が省略されていると考えるとわかりやすいでしょう。

15 復讐は自分を苦しめる

『目には目を、歯には歯を』[9]と言われていたことは、あなたがたの聞いているところである。しかし、わたしはあなたがたに言う。悪人に手向かうな。もし、だれかがあなたの右の頬を打つ[10]なら、ほかの頬をも向けてやりなさい。

(マタイによる福音書 5:38-39)

聖書はこのあと「あなたを訴えて、下着を取ろうとする者には、上着をも与えなさい。もし、だれかが、あなたをしいて一マイル行かせようとするなら、その人と共に二マイル行きなさい。求める者には与え、借りようとする者を断るな」と続きます。(マタイによる福音書 5:40-42)

これらの箇所は、侮辱されてもそのまま黙って受け入れなさいという意味ではなく、悪人に復讐をしたくなる衝動が極めて強いために注意を促しているものと解釈しましょう。というのも、復讐をすれば相手だけでなく自分自身も深く傷つくからです。

復讐をしても何もいいことなどないのです。それを肝に銘じましょう。

悪人には最初から関わらないのが一番です。しかし万が一、運悪く悪人に悪事を働かれたとしても復讐するのではなく、賢明な対処方法を考えましょう。

---

9 ハムラビ法典の言葉。法思想としては同害刑法と呼ばれるもので、歯止めのない報復よりは進歩していると評価されることもあるが、近代法としては容認できるものではない。

10 頬を打つの「打つ」に相当するギリシャ語は「手の甲で打つ」である。手の甲で打たれることは暴力を振るわれる以上の甚だしい侮辱と見なされていた。

You have heard that it was said, 'An eye for an eye, and a tooth for a tooth.' But I tell you, don't resist him who is evil; but whoever strikes you on your right cheek, turn to him the other also.

単語・熟語

resist ▶ 反抗する　　　　evil ▶ 悪い　　　　whoever ▶ ～する人

strike ▶ 打つ　　　　　　cheek ▶ 頬

ワンポイントアドバイス

「悪い」という意味の英語としては bad が最も一般的です。同じ「悪い」という意味を持つ単語でも wicked は人間の邪悪な性格を表した行為に対して使われ、evil は悪魔の所業としか思えない行為などに対して使われます。

16 結婚は自分で判断する

> 人は現状にとどまっているがよい。もし妻に結ばれているなら、解こうとするな。妻に結ばれていないなら、妻を迎えようとするな。しかし、たとい結婚[11]しても、罪を犯すのではない。また、おとめが結婚しても、罪を犯すのではない。
>
> （コリント人への第一の手紙 7:26-28）

パウロ[12]が「相手のおとめと結婚することはさしつかえないが、結婚しない方がもっとよい」（コリント人への第一の手紙 7:38）と、未婚のままでいることを勧めたのはなぜでしょうか。パウロはその理由を次のように説いています。

「わたしはあなたがたが、思い煩わないようにしていてほしい。未婚の男子は主のことに心をくばって、どうかして主を喜ばせようとするが[13]、結婚している男子はこの世のことに心をくばって、どうかして妻を喜ばせようとして、その心が分れるのである。未婚の婦人とおとめとは、主のことに心をくばって、身も魂もきよくなろうとするが、結婚した婦人はこの世のことに心をくばって、どうかして夫を喜ばせようとする」（コリント人への第一の手紙 7:32-34）

ただし、パウロは結婚そのものを罪悪視していたわけではなく、相手への情熱が抑制できないほど強ければ、結婚しても差し支えないと考えていました。

大切なことは、結婚するか否かではなく、どうすれば主に喜ばれる生き方ができるかです。それ以外のことを第一に考えるべきではないのです。

---

11 聖書の結婚観の原則は一夫一婦である（創世記 2:18-24、マタイによる福音書 19:5、コリント人への第一の手紙 6:16）。

12 パウロの人物については「聖書の基礎知識④」（96 ページ）を参照のこと。

13 神は私たちを神の喜びのために造られた（ヨハネの黙示録 4:11）のであるから人生の一番の目的は神に喜ばれること、換言すれば、神の御心を実践することである。

It's good for a man to remain as he is. Are you bound to a wife? Don't seek to be freed. Are you free from a wife? Don't seek a wife. But if you marry, you have not sinned. If a virgin marries, she has not sinned.

✎ 単語・熟語

remain ▶ とどまる   **bound** ▶ 結びつけられた   **free** ▶ 解放する

marry ▶ 結婚する   **virgin** ▶ おとめ

◯ ワンポイントアドバイス ◯

「とどまる」を意味する英単語には remain と stay がありますが、remain は stay よりは堅い言葉です。また、remain を使うとき、人が主語になる場合は、命令形や進行形でも使えます。

進行形の例）He was remaining in the room.（彼は部屋に残っていた。）

命令形の例）Remain just where you are.（そこを動くな。）

17 不当な苦しみでも耐え忍ぶ

> もしだれかが、不当な苦しみを受けても、神を仰いでその苦痛を耐え忍ぶ[14]なら、それはよみせられる[15]ことである。悪いことをして打ちたたかれ、それを忍んだとしても、なんの手柄になるのか。しかし善を行って苦しみを受け、しかもそれを耐え忍んでいるとすれば、これこそ神によみせられることである。
>
> （ペテロの第一の手紙 2:19-20）

　他人から痛烈に非難されれば、たとえそれが自分に落ち度がある場合であっても、それなりに落ち込むものです。それが自分に落ち度がない場合であれば、その悔しさ・苦しさは耐えがたいものではないでしょうか。

　しかし聖書には「不当な苦しみを受けても、神を仰いでその苦痛を耐え忍ぶなら、それはよみせられる」と記されています。

　考えてみれば、一生のうちで嫌がらせ、冷遇、差別…といった"不当な苦しみ"を一度として受けない人などいません。

どんな人でも、何かしら不当な苦しみを受けているものなのです。

　"不当な苦しみ"を受けても自暴自棄にならないようにしましょう。復讐するのはもってのほかです。そうではなく耐え忍ぶのです。なぜなら耐え忍べば、"不当な苦しみ"に対する忍耐力や心構えが備わり、その結果、自分の信念を貫く姿勢を強固にすることができるからです。

　"不当な苦しみ"が大きければ大きいほど、それを乗り越えたとき、それだけ強くなれるのです。見方を変えれば、それだけ良い成長の機会なのです。

14　不当に思える苦痛であっても、その苦痛に耐えるのが神の意志であれば、素直に従うべきだと解釈できる。

15　「よみする」とは「よしとしてほめたたえる」という意味である。なお、『新訳聖書スタディ版』では「よみせられる」の箇所が「御心に適う」という訳になっている。ちなみにこの箇所に相当する英語は「commendable（ほめるに足る）」である。

It is commendable if someone endures pain, suffering unjustly, because of conscience toward God. For what glory is it if, when you sin, you patiently endure beating? But if when you do well, you patiently endure suffering, this is commendable with God.

✏ 単語・熟語
▶

commendable ▶ ほめるに足る　unjustly ▶ 不公平にも　　　conscience ▶ 良心

glory ▶ 誇りとなるもの　　　beat ▶（続けざまに）たたく

◯ ワンポイントアドバイス ◯

「耐える」に相当する単語には stand, bear, put up with, endure, tolerate がありますが、最も一般的なのは stand と bear で、put up with はくだけた言い方です。その一方、endure や tolerate は堅い言葉になります。

18 ふたりだけのときに指摘する

もしあなたの兄弟[16]が罪を犯すなら、行って、彼とふたりだけの所[17]で忠告しなさい。もし聞いてくれたら、あなたの兄弟を得たことになる。もし聞いてくれないなら、ほかにひとりふたりを、一緒に連れて行きなさい。

(マタイによる福音書 18:15-16)

仲間だと思っている人から何かひどいことをされ、ついカッとなってしまったとき、どんな対応をするかによって、その後の関係に大きく影響します。

怒りや悲しみのあまり、縁を切りたくなるかもしれません。陰口をたたいたり、赤っ恥をかかせたりしたくなるかもしれません。それでも、他の人たちに「こんなひどいことをされた」といって言いふらしたり、みんなの前で仲間を指さして「私はこの人にこんなことをされた」といって"公開処刑"したりするのは避けましょう。そんなことをすれば、その仲間の顔を潰すだけにとどまらず、みんなが自分を見る見方も変わってしまいます。一時的に溜飲を下げることができるかもしれませんが、長い目で見れば、良いことなどまずないのです。

カッとなっても早まらずに、その人のところに行って1対1で話しましょう。自分の気持ちを率直に話してみるのです。それでその仲間と和解できたら、いっそう親しくなれます。

16 信者のことを指している。
17 悪い噂が広まるのを防ぐために配慮せよという意味である。

If your brother sins against you, go, show him his fault between you and him alone. If he listens to you, you have gained back your brother. But if he doesn't listen, take one or two more with you.

sin ▶ 罪を犯す　　　　　　fault ▶ 罪　　　　　　alone ▶ ただ〜だけ

◯ ワンポイントアドバイス ◯

「罪」に相当する英語はたくさんありますが、sin は「（宗教上又は道徳上の）罪」、crime は「（法律上の）罪」、offense は「法律違反」、guilt は「犯罪行為」、blame は「（失敗などの）責任」というニュアンスです。

19 復讐は神に任せる

愛する者たちよ。自分で復讐をしないで、むしろ、神の怒りに任せなさい。なぜなら、「主が言われる。復讐はわたしのすることである。わたし自身が報復する」[18] と書いてあるからである。

(ローマ人への手紙 12:19)

今では考えられないことですが、旧約時代は故意に殺人をした人は「血の報復」として殺されていました。旧約聖書の民数記 35:20-21 にこう記されています。

「またもし恨みのために人を突き、あるいは故意に人に物を投げつけて死なせ、あるいは恨みによって手で人を打って死なせたならば、その打った者は必ず殺されなければならない。彼は故殺人だからである。血の復讐をする者は、その故殺人に出会うとき殺すことができる」

しかしイエスは「敵を愛する」という新しい律法を示唆し、それを受けパウロは「ローマ人への手紙」で上の聖句のとおり説きました。

悪人は、だれも見ていなければ弱者をいたぶってもいいとタカをくくっているかもしれません。しかし悪人が罰されずに見過ごされることなどないのです。なぜなら悪人を造ったのも神なのですから、その神が悪人の所業を見ていないわけなどないからです。

神は「報復の神」ともいわれます。その神が悪人を罰しないわけはないのですから、私たちが報復する必要などないのです。

18　これとほぼ同じ言葉が、ヘブル人への手紙 10:30 にも「『復讐はわたしのすることである。わたし自身が報復する』と言われ、また、『主はその民をさばかれる』」と書かれてある。ただしこの箇所における「復讐」は神が不信仰な者に対して加える天罰の意味である。

Don't seek revenge yourselves, beloved, but give place to God's wrath. For it is written, "Vengeance belongs to me; I will repay, says the Lord."

単語・熟語

revenge ▶ 復讐   give place to ▶ 〜に席を譲る   wrath ▶ 激怒

vengeance ▶ 復讐   belong to ▶ 〜に属する   repay ▶ 報復する

◯ ワンポイントアドバイス ◯

「神」に相当する英語には god, deity, (the) Lord があります。ただしキリスト教でいう「神」の場合は、最初の g を大文字にします。lord は「君主」「所有者」「貴族」などたくさんの意味でも使われますが、「神」を意味するときは、最初の l を大文字にします。

god を使った例を挙げておきましょう。

a man of God ＝「（キリスト教の）聖職者」   the God's book ＝「聖書」

the Almighty God ＝「全能の神」   God's truth ＝「絶対の真理」

20 言葉で人生の舵を取る

また船を見るがよい。船体が非常に大きく、また激しい風に吹きまくられても、ごく小さなかじ[19]一つで、操縦者の思いのままに運転される。それと同じく、舌は小さな器官ではあるが、よく大言壮語する。

(ヤコブの手紙 3:4-5)

大きな船もじつは小さな舵でその行く方向を意のままに決められます。同じように、人間も舌（言葉の使い方）によって、生き方そのものが意のままに決められるのです。

この点に関して苫米地英人氏[20]は次のように述べています。

「私たちの思考は、すべて言葉で成り立っています。もちろん、イメージを使って考えることもありますが、そのイメージの元をたどっていくと、それらはすべて自分や対象を規定する言葉に行き当たります」[21]

もし自分に対して「私はこの程度の人間だ」や「私にはできない」といったネガティブな信念を持っていたとしても、それは自分の心の中に染みついた言葉の呪縛にすぎません。言葉によってそう自分を規定してしまえば、それ以上のことにチャレンジする気がなくなってしまいます。

しかしその言葉の呪縛から解放されることもできます。それは船の舵の方向を変えるように簡単にできるもので、言葉の使い方を変えさえすればいいのです。例えば、ネガティブな信念を持っている人であれば、「私もやればできるようになる」といったポジティブなことを自分に語りかけ続けることです。そう語り続ければ、理想の自分に一歩一歩近づいていけます。

19　船の進行方向を定める装置。板状のもので、多くは船尾に取りつけられている。

20　日本の認知科学者（機能脳科学、計算言語学、認知心理学、分析哲学）。カーネギーメロン大学計算言語学博士。

21　『「言葉」があなたの人生を決める』（苫米地英人著、マーク・シューベルト監修、フォレスト出版、2013年、2ページ）

Behold, the ships also, though they are so big and are driven by fierce winds, are yet guided by a very small rudder, wherever the pilot desires. So the tongue is also a little member, and boasts great things.

behold ▶ 見る　　　　fierce ▶ 激しい　　　　rudder ▶（船の）かじ

tongue ▶ 舌　　　　boast ▶ 自慢する

ワンポイントアドバイス

この聖句での behold は「見よ！」という意味の、注意を促すための間投詞として使われています。

聖書の基礎知識❷

[福音]

　「福音」に相当するギリシャ語の「エヴァンゲリオン」は「よい音信をもたらす者」に関することすべてを指します。しかし新約聖書においては、「イエス・キリストによってもたらされた人類の救いと神の国に関する喜ばしい知らせ」を意味します。のちにこの用語はイエスの教えと生涯を記録した書にも適用されるようになりました。

[共観福音書とヨハネによる福音書]

　４つある福音書のうち「マタイによる福音書」「マルコによる福音書」「ルカによる福音書」は、イエスの描き方などが非常に良く似ているため、共に並べて一緒に観るという意味で「共観福音書」といわれています。

　共観福音書のうち、最初に書かれたのが「マルコによる福音書」で紀元70年前後といわれています。その後、その写本がたくさん作られ、マタイとルカがそれを参考にしてそれぞれ独自の福音書を執筆したと考えられています。「マタイによる福音書」が紀元80年代、「ルカによる福音書」が紀元90年代に成立したと考えられています。

　共観福音書とは別物として扱われている「ヨハネによる福音書」は、ほかの３つとは異なる視点から書かれたもので、紀元100年頃に成立したと考えられています。

第 3 章

姿勢を正す

21 褒めてもらうための努力はしない

あなたは施し[1]をする場合、右の手のしていること
を左の手に知らせるな。それは、あなたのする施し
が隠れているためである。すると、隠れた事を見て
おられるあなたの父は、報いてくださるであろう。

（マタイによる福音書 6:3-4）

褒めてもらいたくてしかたがない人がいます。承認欲求が強い人たちです。彼らはある行為そのものが好きだからというより、褒めてもらいたいがために努力しているところがあります。褒めてもらいたいという欲望がその行為をする原動力になっているのです。

承認欲求があることは人間としてむしろ自然なことなので恥じることはありません。しかし覚えておきたいことは、承認欲求を満たそうとして努力し続けてもその報いは少ないということです。

自分から自慢してしまえば、相手はお世辞を求められている立場に追いやられるのです。気を遣ってお世辞を言ってく

れるかもしれませんが、心の奥底では「この人、褒めてもらいたいから自慢しているのかな。面倒な人だな」と嫌気がさしているかもしれません。

一方、褒めてもらおうとして自慢しても、期待したとおりに褒めてもらえなかったら満たされないでしょう。また、褒めてもらえたとしても、相手が逃げていけば、やはり満たされなくなるでしょう。

つまり自慢したら報いが大きくならないどころか、逆に少なくなるのです。

自慢しないでもやり続けられることを見つけましょう。そうすれば、お世辞で褒められること以上の、予想もしない報いが得られるかもしれません。

---

1 当時考えられていた3つの善行として、貧しい人への施し、祈り、断食があった。ここでは貧しい人への施しを指している。

When you do merciful deeds, don't let your left hand know what your right hand does, so that your merciful deeds may be in secret, then your Father who sees in secret will reward you openly.

単語・熟語

deed ▶ 行為   openly ▶ 公然と

◯ ワンポイントアドバイス ◯

使役動詞には let、make、have の 3 つがありますが、それぞれニュアンスが異なります。let は「～に～することを許す」という容認を、make は「無理にでも～させる」という強制を、have は「～してもらうようにもっていく」という手はずを表します。

22 偽りは自分を苦しめる

ある人の罪は明白であって、すぐ裁判にかけられるが、ほかの人の罪は、あとになってわかって来る。それと同じく、良いわざもすぐ明らかになり、そうならない場合でも、隠れていることはあり得ない[2]。

(テモテへの第一の手紙 5:24-25)

アビラの聖テレサ[3]は『神の憐れみの人生』の中でこう告白しています。

「すべてを御覧になれる方には何も隠すことができないということを、私は考えませんでした。ああ、私の神よ、このことを軽視することがこの世でどんなにか害となっていることでしょう！ あなたに対して秘密を持つことができるとどうして考えることができるでしょうか！ もし私たちの関心が世の中の人々から自らを守ることではなく、あなたによみされることにあると認識していましたなら、私たちは大きな悪を避けることができる、と私は確信しております」[4]

「他人に罪をなすりつければ自分は助かる」というとき、素直に自分の罪を認めますか、それとも自分の罪を隠そうとするでしょうか。

ついつい自分の罪を隠したくなってしまうかもしれません。

しかし、思いとどまりましょう。神はすべてをお見通しなのです。もし他人に罪をかぶせてしまったら、心の奥底で良心が痛むことになります。つまり隠しても、結局、何もいいことなどないのです。神を侮るのは止めましょう。すべてをお見通しなのですから。

---

2 パウロは、良い行ないをすることだけでなく、隠された罪にも注意しろとアドバイスしている。

3 スペインのローマ・カトリック教会の神秘家（1515-82）。神体験に関する霊的記録を残した。「聖大テレサ」「スペインの聖テレサ」とも呼ばれた。

4 『アビラの聖テレサ「神の憐れみの人生」（上）』（高橋テレサ訳、鈴木宣明監修、聖母の騎士社、2006 年、46 ページ）

Some men's sins are evident, preceding them to judgment, and some also follow later. In the same way also there are good works that are obvious, and those that are otherwise can't be hidden.

✎ 単語・熟語
▲

precede ▶ 先立つ　　　　in the same way ▶ 同様に　　hidden ▶ 隠れた

◯ ワンポイントアドバイス ◯

otherwise は「さもないと」という意味の副詞で使われることもありますが、上の聖句では「他の」という意味の形容詞で使われています。

23 試練を喜ぶ

> わたしの兄弟[5]たちよ。あなたがたが、いろいろな試練に会った場合、それをむしろ非常に喜ばしいことと思いなさい。あなたがたの知っているとおり、信仰がためされることによって、忍耐が生み出されるからである。
>
> （ヤコブの手紙 1:2-3）

「どうして私がこんなひどい目に遭わなければならないの」と嘆きたくなったことはないでしょうか。

人生には必ず、自分の力ではどうしようもないことが起きます。順風満帆な人生を歩んでいるかのように見える人であっても、何もかもがすべて順調に進んでいるのではなく、それなりに試練に遭っているものです。

神の計画は私たちには理解できないものですが、何が起ころうとも、それは神の計画の中にあるということを理解しましょう。神はけっして私たちに「乗り越えられないような試練」を与えることは

ありません。

痛い目に遭えば、嘆きたくもなるでしょう。しかし見方を変えれば、それは喜ばしいことなのです。なぜなら痛い目に遭わなければ、他人の痛みなど本当にわかるはずはないからです。その痛みを乗り越えれば、それだけ他人を愛する能力が高まるのです。

試練が立ちはだかったとき、嘆くのは止めましょう。それは神が授けてくれた「成長のための機会」です。そう捉えて、その試練を喜びましょう。神はきっと報いてくれるはずです。

---

5 ここでいう「兄弟たち」は「キリスト者（イエスをキリストとして信仰する者）」のことを指している。

Count it all joy, my brothers, when you fall into various temptations, knowing that the testing of your faith produces endurance.

単語・熟語

count ▶ 〜と考える   joy ▶ 喜びの種   endurance ▶ 忍耐

ワンポイントアドバイス

英語の聖句では「試練」に相当する箇所に temptation が使われています。ちなみに「キリストが悪魔から受けた荒野の試み」のことを「the Temptaion」といいます。

temptation を使った例をいくつか挙げておきましょう。

fall into temptation ＝「誘惑に陥る」

lead her into temptation ＝「彼女を誘惑に陥れる」

put temptation in O's way ＝「人を誘惑する」

overcome temptation ＝「誘惑に負けない」

24 人との関係を築く言葉を使う

> あなた自身を良いわざの模範として示し、人を教える場合には、清廉と謹厳とをもってし、非難のない健全な言葉を用いなさい。そうすれば、反対者も、わたしたちについてなんの悪口も言えなくなり、自ら恥じいるであろう。
>
> （テトスへの手紙 2:7-8）

「批判」と「非難」と「人格否定」と「批評」。似ているようで、じつは大いに違うのです。

「批判」は人間関係を築くための言葉ですが、「非難」と「人格否定」と「批評」は人間関係を壊す言葉です。

簡単な例を挙げて説明しましょう。

ある小学生が「2×3は5だ」と言ったとしましょう。その場合、その子にどう教えるでしょうか。

「こんなことも、わからないのか」と言ったとしたら「非難」になります。

「おまえはバカか」と言ったら「人格否定」になります。

「この子の将来は真っ暗だ」と言ったら「批評」になります。

いずれにしても、それによってその小学生は、正解までの道のりが開けてきません。

一方、「批判」というのは、相手と同じレベルに立って「何が正しいのか」を探る行為です。

例えば、「2×3というのは2が3つあるという意味、つまり2＋2＋2という意味だよね。2＋2＋2はいくつかな？」と言えば小学生も自分の間違いに気づくかもしれません。

人に何かを教えるとき、「非難」「人格否定」「批評」をしないよう気をつけましょう。それは相手との関係を壊す効果しかありません。

一方、相手と一緒に"何が正しいのか"を探る「批判」の言葉を使えば、相手と一緒に成長できるのです。

In all things show yourself an example of good works. In your teaching, show integrity, seriousness, incorruptibility, and soundness of speech that can't be condemned, that he who opposes you may be ashamed, having no evil thing to say about us.

✎ 単語・熟語

integrity ▶清廉　　　　　seriousness ▶まじめ

incorruptibility ▶道徳的に腐敗していないこと　　　　soundness ▶健全

oppose ▶反対する　　　ashamed ▶恥じている

ワンポイントアドバイス

「まじめな」に相当する英単語はいくつかありますが、ニュアンスが異なります。honest は「正直な」、earnest は「熱心な」、sincere は「誠実な」というニュアンスがあります。

25 世の中が良くなることをする

あなたがたは、地の塩である。もし塩のききめが
なくなったら、何によってその味が取りもどされ
ようか。もはや、なんの役にも立たず、ただ外に
捨てられて、人々にふみつけられるだけである。
あなたがたは、世の光⁶である。

（マタイによる福音書 5:13-14）

聖書には、私たちは「地の塩」であり「世の光」であると説かれています。これはどういう意味でしょうか。

「地」は「地球」つまり「この世の中」という意味です。「塩」は調味料として用いられますが、塩があるからこそ食べ物の味が引き立ちます。つまり「地の塩」とは、「地球（この世の中）に（塩のように）刺激を与える人」のことを喩えて言っているのです。一方、「世の光」とは、「この世の中を輝かせる光のような人」を喩えたものです。

私たちは、一人ひとりが「地の塩」や「世の光」になりうるだけの賜物（才能）を授けられて生まれてきています。自分の賜物（才能）を見いだし、自分を磨けば、だれもが社会に貢献できる人、周りの人たちに感動を与えられる人になりうるのです。

自分の賜物（才能）を見つけましょう。そして、それが見つかったら自分に磨きをかけましょう。それによって「地の塩」「世の光」になり、世の中を明るくすることができます。

6 「光」は「神の栄光」を意味する。

You are the salt of the earth, but if the salt has lost its flavor, with what will it be salted? It is then good for nothing, but to be cast out and trodden under the feet of men. You are the light of the world.

▶ 単語・熟語

flavor ▶ 風味　　　　　　　　cast ▶ 捨てる

ワンポイントアドバイス

good for nothing は「役に立たない」という意味の熟語ですが、3つの単語をハイフンでつなぎ、good-for-nothing とすれば「役立たずの人」や「ろくでなし」を意味する名詞として使うこともできます。

26 内面を磨く

> あなたがたは、髪を編み、金の飾りをつけ、服装
> をととのえるような外面の飾りではなく、かくれた内
> なる人、柔和で、しとやかな霊という朽ちることの
> ない飾りを、身につけるべきである。
>
> （ペテロの第一の手紙 3:3-4）

　この世はうたかたのようなものにすぎず、すべては移り変わります。この世に不変なものも、確かなものも何一つないのです。ところが多くの人は、この世こそが唯一の世界と思い込んでいるのか、この世でしか価値のないもの（お金、評判、地位、名誉、贅沢品など）を得ようとアクセクしてしまうのです。古代ギリシャのアリストテレス[7]はこうしたこの世でしか価値のないものを「仮象の善」と言いました。

　残念なことに、一見、価値のあるように見えるこのような「仮象の善」は私たちの幸せを保証してくれるものではあり

ません。それは連日連夜、マスコミを賑わしている報道を見ても一目瞭然です。お金も地位も人気もある人が奈落の底に落ちるようなことをしでかすのは珍しいことではありません。では、こうした「仮象の善」を手に入れても幸せが保証されないのなら、私たちは何を目指して生きていけばいいのでしょうか。

　それは「仮象の善」ではなく、「真の善」（誠実さ、正直さ、勇気、忍耐力、節制などの美徳）を身につけることを目指すことです。

　「真の善」を身につけることで、「仮象の善」がついてくることもあります。

7　古代ギリシャの哲学者。プラトンの弟子。古代では最大の学問体系を樹立した。

Let your beauty come not from the outward adorning of braiding your hair, and of wearing gold ornaments or of putting on fine clothing, but from the hidden person of the heart, in the incorruptible adornment of a gentle and quiet spirit.

単語・熟語

outward ▶ 外側の

adorn ▶（物で）飾る

braid ▶（髪を）編む

ornament ▶ 飾り

incorruptible ▶ 腐敗しない

adornment ▶ 装飾

gentle ▶ 優しい

spirit ▶ 霊、〜な人

ワンポイントアドバイス

spirit には「精神」「気力」「霊」などたくさんの意味がありますが、形容詞をつけると「〜な人」という意味にもなります。例えば、a kind spirit で「親切な人」、a brave spirit で「勇敢な人」などのように使います。

27 人のために行動する

> あなたがたは、しばしの間あらわれて、たちまち消え行く霧にすぎない。むしろ、あなたがたは「主のみこころであれば、わたしは生きながらえもし、あの事この事もしよう」と言うべきである。
>
> （ヤコブの手紙 4:14-15）

アビラの聖テレサはこう言いました。

「この世の満足や虚栄に身を投じることが当たり前のこととされており、これを注意する人はおりません。しかし、誰かが神への奉仕に身を捧げようとすると、多くの人々が非難をします」[8]

彼女が指摘しているとおり、この世にあるものがすべてであるかのように思い込んでいる人があまりにも多く、神への奉仕などと言い出せば冷ややかな目を向けられるのがオチです。

私は長年、ボランティア活動に近い形でイベントを主催していました。周りの人たちはそんな私を「お金儲けにならないのになぜそんなに頑張るの。そんなことして何になるの」などと嘲笑していました。「イベント参加者に喜んでもらうためだ」と言っても理解してもらえませんでした。

しかし、私たちは、明日のこともわからない身なのです。この世でしか価値のない金を稼いだところで、それは単に自分を満足させるための努力にしかすぎません。そんなことをして心から満たされるでしょうか。

アビラの聖テレサは「神にすべてを委ねなければ、努力は役に立たない」といったことも述べています。彼女の言うとおり、努力をするとすれば、自分のためではなく神に従う努力（世の中を明るくするための努力）をしたほうが報いは多いのではないでしょうか。

---

8 『アビラの聖テレサ「神の憐れみの人生」（上）』（高橋テレサ訳、鈴木宣明監修、聖母の騎士社、2006 年、114 ページ）

You are a vapor that appears for a little time and then vanishes away. For you ought to say, "If the Lord wills, we will both live, and do this or that."

単語・熟語

vapor ▶ はかないもの　　　　**appear** ▶ 現れる　　　　**vanish** ▶ 消える

● ワンポイントアドバイス ●

vapor は「蒸気（湯気・霧・かすみなど）」という意味もありますが、「はかないもの」「実体のないもの」という意味でも使われます。ここでは後者の意味で使われています。参考のため、「はかない」という日本語を使った表現の英語訳を見てみましょう。

「はかない恋」＝ fleeting love

「はかない命」＝ a fragile life

「人生のはかなさ」＝ the fragility of life

「人生ははかない。」＝ Life if brief.

28 口先だけではなく、実際に行動する

> 世の富を持っていながら、兄弟が困っているのを見て、あわれみの心を閉じる者には、どうして神の愛が、彼のうちにあろうか。子たちよ。わたしたちは言葉や口先だけで愛するのではなく、行いと真実とをもって愛し合おうではないか。
>
> （ヨハネの第一の手紙 3:17-18）

「言うは易く、行なうは難し」ということわざがあります。それに相当する英語のことわざに "There is a big difference between words and deeds." というのがあります。こうしたことからも、口先だけの人間は、日本以外の国にもいることがうかがえます。

自分を振り返ってみてください。言っていることをきちんと実行していますか。それとも、やると言っておきながら、やらないままになっていることがありますか。もし後者なら、要注意です。

口で言うのは簡単なのです。だからついついやらないことを口にしてしまうのです。

しかし、気をつけましょう。言ったのにも関わらず、なんだかんだと言い訳をしてやらないままにしていると、確実に信頼を失います。

この世の中は、実際にやったことで評価されるのであって、言っただけでは評価されないのです。だから、やらないことを口に出すのはやめましょう。そして、もし口に出してしまったのなら必ず実行しましょう。それを繰り返していけば、誠実な人になれます。

Whoever has the world's goods and sees his brother in need, then closes his heart of compassion against him, how does God's love remain in him? My little children, let's not love in word only, or with the tongue only, but in deed and truth.

◢ 単語・熟語

need ▶ 困った事態   **compassion** ▶ あわれみ

◯ **ワンポイントアドバイス** ◯

need は名詞として使った場合、「困った事態」「欲求」「必要なもの」などの意味で使われます。それぞれ例を挙げると、people in need で「困っている人々」、an unconscious need to be loved で「愛されたいという無意識の欲求」、our basic needs で「必需品」となります。

29 良い心を持つ

> 悪い思い、すなわち、殺人、姦淫、不品行、盗み、偽証、誹りは、心の中から出てくるのであって、これらのものが人を汚すのである[9]。
>
> （マタイによる福音書 15:19-20）

私たちは、他人のことを指して「良い人」や「悪い人」と言うことがあります。例えば、誠実な人、正直な人、やさしい人、親切な人…を「良い人」と言ったり、ウソをつく人、下品な人、盗みを働く人…を「悪い人」と言ったりします。

しかし「良い人」は生まれつき「良い人」、「悪い人」は生まれつき「悪い人」なのではありません。

「思いの種を蒔き、行動を刈り取り、行動の種を蒔いて習慣を刈り取る。習慣の種を蒔き、人格を刈り取り、人格の種を蒔いて人生を刈り取る」[10] という言葉があります。この言葉のとおり、人格は、生まれつき固定されているものではなく、悪い習慣を断ち切り、良い習慣を身につけることで改善できるのです。つまり、「悪い人」でも「良い人」になれますし、その逆もしかりです。

では、良い習慣を身につけるには何をすればいいでしょうか。悪い行動を控え、良い行動を起こすことです。

では、良い行動を起こすには何をすればいいでしょうか。悪い思いを蒔かず、良い思いを蒔くことです。

すべては、良い思いを蒔くことから始まります。「良い人」になりたければ、良い思いを蒔くことから始めましょう。

9　当時の律法では人が食べたり触れたりする物が人を汚すと教えられていた。しかしイエスは人を汚すのは食物ではなく、人の思いや言葉であると説いた。

10　スティーブン・R・コヴィーが『7つの習慣』（ジェームス・J・スキナー・川西茂訳、キングベアー出版、1996年、50ページ）にて、昔の格言として紹介している。

Out of the heart come evil thoughts, murders, adulteries, sexual sins, thefts, false testimony, and blasphemies. These are the things which defile the man.

✎ 単語・熟語

murder ▶ 殺人	**theft** ▶ 窃盗	**false** ▶ 虚偽の
testimony ▶ 証言	**blasphemy** ▶ 冒涜	**defile** ▶ 汚す

◯ ワンポイントアドバイス ◯

defile は「名誉を汚す」という意味でも使えますが、「神聖さを汚す」という意味や、「（物理的に）不潔にする」という意味でも使えます。それぞれ使用例を挙げておきましょう。

defile the sanctuary of the Lord ＝「主の聖所を汚す」

defile a stream with garbage ＝「ゴミで小川を汚す」

ちなみに、defile には dirty, stain, spoil, blot, spot, pollute, contaminate, daub, foul, litter, blemish などたくさんの類語があります。

30 人柄の善し悪しは行動に表れる

悪い実のなる良い木はないし、また良い実のなる悪い木もない。木はそれぞれ、その実でわかる。いばらからいちじく[11]を取ることはないし、野ばらからぶどう[12]を摘むこともない。

(ルカによる福音書 6:43-44)

物事がうまくいかないとき、うまくいかない原因は「自分以外のものにある」と考えがちです。例えば、部下がミスばかりするのは部下のせい、結婚生活がうまくいかないのは配偶者のせい、業績が上がらないのは会社のシステムが悪いから、私が評価されないのは見る目がある人がいないから……。

このような考え方をしてしまうと、「自分以外のもの」が変わりさえすればうまくいくと思い、他人や物事が変わることを求めます。これをアウトサイド・インのアプローチといいます。しかしアウトサイド・インのアプローチが永続的な問題解決や幸福、成功をもたらすことはありません。

永続的に「良い実」がほしければ、自分が「良い木」になる（つまり自分自身の内面から変え、良い人になる）しかないのです。これをインサイド・アウトのアプローチといいます。

「良い木」になれば、自然と「良い実」が手に入ります。聖句にもあるとおり、「悪い実」のなる「良い木」はないのですから……。

11　イエスの時代、イチジクは重要な食料源であった。
12　ぶどうも重要な食料源であり、ぶどう酒を作るのにも使われた。

There is no good tree that produces rotten fruit,
nor again a rotten tree that produces good fruit.
For each tree is known by its own fruit.
For people don't gather figs from thorns, nor do they
gather grapes from a bramble bush.

✎ 単語・熟語

▶

rotten ▶ 腐った　　　　　gather ▶ 採取する　　　　　fig ▶ イチジク

thorn ▶ いばら　　　　　bramble ▶ 野ばら　　　　　bush ▶ 低木

◯ ワンポイントアドバイス ◯

「木」を表す英単語としては tree が一般的です。bush は tree より低く、根元から多くの枝に分かれている
木のことであり、bush より大きいのが shrub です。木は木でも「材木」の意味としては wood を使います。

聖 書 の 基 礎 知 識 ❸

［ イエス・キリスト （紀元1年〜紀元33年）］

「イエス・キリスト」というのは人名ではなく、「イエス」は「神は救いである」、「キリスト」は「神によって特別な使命を与えられて派遣された人」という意味の普通名詞です。歴史上のイエスをいう場合は「ナザレのイエス」といいます。

イエスはキリスト教の始祖であり、信仰の対象となる存在ですが、彼自身はキリスト教の教祖とは思っておらず、ユダヤ教の改革者と自認していました。

イエスの言動は新約聖書の福音書に記され伝えられており、これにより彼の生涯の大要を知ることができます。イエスは、神からつかわされて救いを告知する神の子（メシア）を自認し、神の国の到来と、特に貧困、病人、罪人の解放の福音を述べ伝えたほか、多くの癒やしの奇跡によって悩める人々を救ったとされています。

しかし、形骸化した律法に固執する当時のユダヤ教指導者の偽善を厳しく批判し、律法からの解放と真の隣人愛を説いたため、彼らからローマに対する反逆人として訴えられ、紀元30年頃、エルリレム郊外で十字架刑に処せられました。

かくしてイエスは亡くなったのですが、女性らが遺体に香油を塗ろうと墓に行ったところ遺体がなくなっており、そこに天使の姿をしたイエスが現れて「イエスは復活した」と告げたのでした。その話を聞いた弟子たちは最初こそそれを信じていませんでしたが、その後「イエスが復活したとしか考えられない男性」と実際に言葉を交わすことができたため、イエスの復活を確信するに至りました。こうして弟子たちは彼を救世主（メシア）とする信仰を固めました。

イエスの十字架の死により、人類を罪から救う新たな契約（新約）が、旧約に代わり神から人類に与えられたとされて、キリスト教が始まりました。

第 4 章

地に足をつける

31 俗に染まらない

> 兄弟と呼ばれる人で、不品行な者、貪欲な者、
> 偶像礼拝をする者、人をそしる者、酒に酔う者、
> 略奪をする者があれば、そんな人と交際をし
> てはいけない、食事を共にしてもいけない。
>
> （コリント人への第一の手紙 5:11）

　この箇所でパウロは、「この世のみだらな人と一切付き合ってはならない」と言いたかったのでしょうか。いいえ、そうではないのです。もし聖人君子とばかり交際を望むのなら、パウロが言うとおり「この世から出て行かねばならないことになる」[1]、つまり人里離れた山奥で自給自足の生活を余儀なくされることでしょう。というのも、皆が皆、聖人君子ではなく、俗っぽい人もいて、実際そのような人たちにもお世話になって生きているのですから。

　パウロがこの箇所で言いたかったのは、プライベートで付き合う人を厳選しなさいということでした。私たちは良きにつけ悪しきにつけ、付き合っている人から影響を受けます。まさに「朱に交われば赤くなる」のです。だからこそ、プライベートでの付き合い方に注意を促したのです。

　「俗に生き、俗に染まらず」という格言があります。身近にみだらな人がいたとしても、この世に生きていく以上は、しかたのないことです。彼らとの付き合いを完全に遮断することも困難です。大切なことは「俗に染まらない」こと、つまり、みだらな人の影響を受けないようにすることなのです。

1　コリント人への第一の手紙 5:10
2　I wrote 〜で始まっているのは、以前、パウロがコリントの教会に手紙を送っていたからである。

I wrote [2] *to you not to associate with anyone who is called a brother who is a sexual sinner, or covetous, or an idolater, or a slanderer, or a drunkard, or an extortionist. Don't even eat with such a person.*

ワンポイントアドバイス

「付き合う」に相当する英語表現はたくさんあります。「恋愛関係として付き合う」場合は、date, go out with, go together などを使いますが、「友人などとして付き合う」場合は、get along with, be friends with などを使います。その点、associate with は、しばしば好ましくない人との交際を暗示します。

32 身の丈に合った目標を追う

> わたしは、自分に与えられた恵みによって、あなたがたひとりびとりに言う。思うべき限度を越えて思いあがることなく、むしろ、神が各自に分け与えられた[3]信仰の量りにしたがって、慎み深く思うべきである。
>
> （ローマ人への手紙 12:3）

聖書はこのあとこう続きます。

「このように、わたしたちは与えられた恵みによって、それぞれ異なった賜物を持っているので、もし、それが預言であれば、信仰の程度に応じて預言をし、奉仕であれば奉仕をし、また教える者であれば教え、勧めをする者であれば勧め、寄附する者は惜しみなく寄附し、指導する者は熱心に指導し、慈善をする者は快く慈善をすべきである」（ローマ人への手紙 12:6-8）

自分の身の丈がわかっていない人は、成功している人を見て、つい自分もあの人のようになりたいと憧れを抱いて、真似をしたがります。

真似をしてうまくいく場合もあるでしょう。しかし、成功している人に憧れるあまり、身の丈に合っていない目標に執着するのはおろかしいことです。成功している人は、見えないところで並々ならぬ努力をしているのかもしれません。それがわからないうちに軽々と成功者の真似ができると考えるのは早計です。

私たちは一人ひとりが異なる才能を与えられているのです。自分の才能を最大限活かす努力をするほうが、身の丈に合っていない目標にしがみつくより何倍もいいことなのです。

3 すべては神から与えられるものであるから、「神から与えられたもの」を超えたものを求めようとせず、身の丈に合った生き方をすべきという意味である。

I say through the grace that was given me, to everyone who is among you, not to think of yourself more highly than you ought to think; but to think reasonably, as God has apportioned to each person a measure of faith.

単語・熟語

ought to ▶ ～すべきである   reasonably ▶ ほどよく   apportion ▶ 分配する

faith ▶ 信仰

ワンポイントアドバイス

grace には多くの意味があります。神学の分野では「恵み」という意味で使われますが、その他にも「気品」「優雅 (elegance)」「厚情 (favor)」「あわれみ (mercy)」「支払い猶予」「たしなみ (decency)」「感謝の祈り」などの意味があります。

33 堅実に生きる

> あなたがたに命じておいたように[4]、つとめて落ち着いた生活をし、自分の仕事に身をいれ、手ずから働きなさい。そうすれば、外部の人々に対して品位を保ち、まただれの世話にもならずに、生活できるであろう。
>
> （テサロニケ人への第一の手紙 4:11-12）

「貧乏は病気」という言葉があります。収入が低いから貧乏になると考えがちですが、収入が多い人でも貧乏になることがあります。なぜかといえば、貧乏になるというのは考え方の悪い癖が原因だからです。その証拠に、収入が多くても浪費癖があったりギャンブルにはまったりして貧乏になっている人もいます。

貧乏が悪い癖の結果なのであれば、その悪い癖を直せば、貧乏から抜け出すこともできます。

では、どうすればそんなことができるのでしょうか。

スティーブン・R・コヴィー博士[5]は健全な経済状態について次のように述べています。

「健全な経済状態は、倹約・勤勉・貯蓄・利子（利子を払うのではなく利子を得ること）という『原則』に基づいている」[6]

健全な経済状態を望むのなら、この「原則」を守りましょう。つまり、倹約し、勤勉に働き、貯蓄し、投資して利子を得るのです。そうすれば貧乏から抜け出すことができ、聖句にあるとおり、「外部の人々に対して品位を保ち、まただれの世話にもならずに、生活できる」ことでしょう。

4　パウロはこの手紙を書く以前にテサロニケの信徒に手紙を書いており、それを思い出させようとしている。

5　米国の作家、経営コンサルタント。代表作に『７つの習慣』『第８の習慣』がある。

6　『７つの習慣　最優先事項』（スティーブン・R・コヴィー著、宮崎伸治訳、キングベアー出版、2000 年、94 ページ）

Make it your ambition to lead a quiet life, and to do your own business, and to work with your own hands, even as we instructed you, that you may walk properly toward those who are outside, and may have need of nothing.

◖ ワンポイントアドバイス ◗

後半の that you may walk properly 〜の that は so that の so が省略された形だと考えられます。so that 〜は「〜するように」という意味で用いられますが、文語では so を略すことも可能で、例えば They died that we might live.（我々が生きられるようにと彼らは死んで行った。）という使われ方もします。

34 自分を偉いと思わない

> もしある人が、事実そうでないのに、自分が何か偉い者である
> ように思っているとすれば、その人は自分を欺いているのである。
> ひとりびとり、自分の行いを検討してみるがよい。そうすれば、
> 自分だけには誇ることができても、ほかの人には誇れなくなるで
> あろう。人はそれぞれ、自分自身の重荷[7]を負うべきである。
>
> （ガラテヤ人への手紙 6:3-5）

　自分のことを「偉い」と思い込んでいる人が気をつけなければならないことは、自分の善いところ（つまりお金、地位、名誉、評判…を手に入れることができたこと）は、自分一人が努力した結果得られたものだと勘違いしていることです。だからこそ、善いところが見当たらない人を見ると、ついつい見下してしまいたくなるのです。

　しかし勘違いしてはなりません。どんな成功でも自分一人の努力で手に入るのではなく、自分以外の人の努力や協力があってこそ初めて手に入っているのです。

自分一人の力だけで成功にたどり着いているわけではないのです。

　自分が自分なりにベストを尽くしたこと、これは誇りに思ってもいいのです。しかし他人に対して誇ってはいけません。それは単なる傲慢というものです。

　しかも傲慢な人は哀しい未来が待ち受けています。聖書に「自分を高くする者は低くされ、自分を低くする者は高くされるであろう」[8]とあるように、周りの人から尊敬されないばかりか、逆に軽蔑されることになるのです。

7　主として「道徳的な重荷」のことを指している。
8　ルカによる福音書 18:14

If a man thinks himself to be something when he is nothing, he deceives himself. But let each man examine his own work, and then he will have reason to boast in himself, and not in someone else. For each man will bear his own burden.

✎ 単語・熟語

something ▶ 重要人物	**deceive** ▶ 欺く	**examine** ▶ 審査する
bear ▶ 負担する	**burden** ▶ 重荷	

◯ ワンポイントアドバイス ◯

something は代名詞として「何か」や「何かある物」を意味しますが、名詞として無冠詞で「重要人物」「けっこうな事」「よい事」という意味として使うこともできます。

例）He is something in the FBI.（彼は FBI の大物だ。）

また、amount to something とすれば、「たいした人物になる」という意味になります。

35 困難な道を選ぶ

狭い門[9]からはいれ。滅び[10]にいたる門は大きく、その道は広い。そして、そこからはいって行く者が多い。命にいたる門は狭く、その道は細い。そして、それを見いだす者が少ない。

(マタイによる福音書 7:13-14)

　私たちは、一瞬一瞬、何をするかを自分で選択しながら生きています。選択の余地がまったくないというケースはほとんどなく、たいていの場合、選択の余地は残されています。

　栄光をつかむ人とそうでない人の違いは、まさにこの一瞬一瞬の選択の積み重ねによって生じるのです。

　どんな人にも「困難だが誠実な選択肢」と「容易だが不誠実な選択肢」のどちらを選ぶかというときがあります。

　「自分に落ち度があったことを正直に認めて謝罪する」か「ウソをついて責任逃れをする」か、という2つの選択肢が与えられたとき、どちらを選択するでしょうか。

　「やりたくない雑用であっても、サボろうと思えばサボれる仕事であっても、誠実に取り組む」か「立場の弱い人に雑用を押しつけて自分は楽をする」か、という2つの選択肢が与えられたとき、どちらを選択するでしょうか。

　栄光をつかむ人というのは「困難だが誠実な選択肢」を選択し続けているのです。もし「容易だが不誠実な選択肢」を選んでいるとしたら要注意です。そのような選択をし続ければ、いずれ「滅び」に至ります。

9　「狭い門」は「人生」の意味として使われている。
10　「滅び」は「地獄」という意味で使われている。

Enter in by the narrow gate; for the gate is wide and the way is broad that leads to destruction, and there are many who enter in by it. How narrow is the gate and the way is restricted that leads to life! There are few who find it.

✎ 単語・熟語

enter ▶ 入る

narrow ▶ 狭い

gate ▶ 門

wide ▶ 広い

broad ▶ 広い

lead to ▶ （道路が）通じる

destruction ▶ 滅亡

restricted ▶ 限られた

ワンポイントアドバイス

for はいろいろな意味で使われますが、ここでは主節の内容を主張する主観的な根拠を補足的に述べるために使われており、訳すとすれば「という理由は」となります。for は主節の後に置き、コンマやダッシュで区切った後に使われることが多いです。

36 努力を惜しまない

> 少ししかまかない者は、少ししか刈り取らず、豊かにまく者は、豊かに刈り取ることになる。各自は惜しむ心からでなく、また、しいられてでもなく、自ら心で決めたとおりにすべきである。
>
> （コリント人への第二の手紙 9:6-7）

この聖句の「少ししかまかない者は、少ししか刈り取らず、豊かにまく者は、豊かに刈り取ることになる」という箇所は、農場を思い描くと理解しやすくなります。種を少ししかまかないのに豊作を期待するのは、期待するほうがおかしいのであって、豊作を期待するのならそれなりにまくことが必要なのです。これは至極当たり前のことのように思えます。

しかしこれは人生全般についてもいえることであり、それを理解していない人は「努力の出し惜しみ」をしがちです。

例えば、語学に堪能になりたいのなら時間と労力を惜しんでいてはいけません。

豊かな人間関係を築きたいのならそれなりの努力が必要です。健康的な肉体がほしければ、運動や健康的な食生活に気を配らなければなりません。

努力するのはそれなりに大変です。しかし努力を惜しまなければ、努力に見合ったものが手に入ります。聖書に記されているとおり「神はあなたがたにあらゆる恵みを豊かに与え、あなたがたを常にすべてのことに満ち足らせ、すべての良いわざに富ませる力のあるかた」[11]なのですから、間違いありません。それを信じて努力し続けましょう。

He who sows sparingly will also reap sparingly.
He who sows bountifully will also reap bountifully.
Let each man give according as he has determined
in his heart, not grudgingly or under compulsion.

単語・熟語

sow ▶ まく	sparingly ▶ 控え目に	reap ▶ 刈り取る
bountifully ▶ 豊かに	according ▶ 従った	determine ▶ 決心する
in one's heart ▶ 心の中で	grudgingly ▶ いやいやながら	compulsion ▶ 強制

● ワンポイントアドバイス ●

類義語をチェックしましょう。

「まく」 = sow, plant, seed

「刈り取る」 = reap, cut, mow, clip, trim

「決心する」 = determine, decide, choose

「強制」 = compulsion, enforcement, coercion

37 知恵を求め賢明になる

> 知恵[12]を求めて得る人、／悟りを得る人は
> さいわいである。／知恵によって得るもの
> は、／銀によって得るものにまさり、／その
> 利益は精金よりも良いからである。
>
> （箴言 3:13-14）

「知恵」によく似た言葉に「知識」があります。似てはいますが、異なるものです。

「知恵」とは、「物事の道理を判断し処理していく心の動き。物事の筋道を立て、計画し、正しく処理していく能力」[13]のことであり、「知識」とは「客観的な認識」のことです。

「知識」が豊富な人（例えば一流大学を出た人や難関資格に合格した人など）が一目置かれる風潮がありますが、じつは「知識」が豊富でも道徳的に善い人になれるという保証などなく、「知識」が豊富であるがゆえにかえって悪い人にな

りさがることもあるのです。

例えば、一流大学を出ている人でも犯罪に手を染めるとしたら、詰め込んだ「知識」がうまく活かされなかったことになります。知能犯はその典型例で、「知識」があるがゆえに、さらに悪いことをしてしまうのです。

「知識」を獲得することそのものは悪いことではありません。ただし「知識」を身につけるときは「知恵」も身につけましょう。しっかりと「知恵」を身につけてこそ、「知識」が宝石の輝きを放ちうるのです。

12 「知恵」は「神が与える賜物」とされている。
13 『デジタル大辞泉』の定義。

Happy is the man who finds wisdom, / the man who gets understanding. / For her good profit is better than getting silver, / and her return is better than fine gold.

単語・熟語

wisdom ▶ 知恵   understanding ▶ 理解   silver ▶ 銀

ワンポイントアドバイス

wisdom は「知恵」という意味ですが、「知恵」に関する英語表現を挙げておきましょう。

「知恵の書」 = wisdom literature

「知恵歯（親知らず）」 = widsom tooth

「知恵比べ」 = a battle of wits

「知恵の輪」 = puzzle rings

「知恵袋」は、ニュアンスによって以下のように使い分けます。

「知恵袋（知識や知恵の源）」 = source of knowledge and wisdom

「知恵袋（頼りにされている人）」 = go-to guy

38 必要なときは助けを求める

求めよ[14]、そうすれば、与えられるであろう。捜せ、そうすれば、見いだすであろう。門をたたけ、そうすれば、あけてもらえるであろう。すべて求める者は得、捜す者は見いだし、門をたたく者はあけてもらえるからである。

(マタイによる福音書 7:7-8)

　他人に依存すると、依存された人は困ってしまうことがあります。だからか、依存することは一見、悪いことのように思えてしまいます。

　しかし、はたして本当に"悪い"ことなのでしょうか。

　思い返してみてください。他人から頼りにされたとき、「私は信頼されているのだ」と嬉しくなったことはありませんか。そして、その人に何かをやってあげて、その人から感謝されたとき、嬉しく思わなかったでしょうか。

　じつは、他人に依存（信頼）されることは嬉しいこともあるのです。他人に依存することそのものが悪いというわけではないのです。お互いがお互いを尊重し、自分を犠牲にしなくても手伝ってあげることができるのであれば、手伝ってあげてもいいのです。これを"成熟した依存関係"といいます。

　悪いのは、"依存しすぎる"ことです。助けを求めることは必ずしも悪いこととは限りません。どうしても助けが必要なときは自ら助けを求めてみましょう。それも一つの立派な決断です。

---

14 「求めよ」に相当する原典のギリシャ語は「求め続けよ」という意味に近い。同様に「捜せ」は「捜し続けよ」、「門をたたけ」は「門をたたき続けよ」という意味に近い。

Ask, and it will be given you. Seek, and you will find. Knock, and it will be opened for you. For everyone who asks receives. He who seeks finds. To him who knocks it will be opened.

単語・熟語

seek ▶ 捜す　　　　　　　knock ▶ トントンと叩く

◯ ワンポイントアドバイス ◯

「求める」にもいろいろな表現があります。例を見てみましょう。

「幸せを求める」＝ search for happiness, pursue happiness

「ぬくもりを求める」＝ look for warmth

「自然とのふれあいを求める」＝ want contact with nature

「職を求める」＝ look for a job, hunt for a job

「説明を求める」＝ demand an explanation, request an explanation

「援助を求める」＝ ask help

39 仕事に意義を見いだす

> 聞くところによると、あなたがたのうちのある者は怠惰な生活を送り、働かないで、ただいたずらに動きまわっているとのことである。こうした人々に対しては、静かに働いて自分で得たパンを食べるように、主イエス・キリストによって命じまた勧める。
>
> （テサロニケ人への第二の手紙 3:11-12）

考えてみてください。"働かなくても一生食べていけるだけのお金"が手に入ったら、働くのをやめるでしょうか。それとも、働き続けるでしょうか。

働くことに関して「健康な人[15]は怠惰よりも働くことを好む。しかし、たいていの人は無意味で無価値で空しい仕事をするよりも、働かないことを選ぶ」と述べた心理学者がいます[16]。

単にお金を稼ぐために働いている人が"働かなくても一生食べていけるだけのお金"を手にしたら、もはや働くことに魅力を感じなくなることでしょう。働く

意義が見いだせなくなるからです。

しかし自分の仕事に価値を見いだしている人にとっては、仕事は人生の中で最も楽しい時間なのです。なぜならその仕事をすることによって成長できるし、他人にも喜んでもらえるからです。

"単にお金を稼ぐだけの仕事"だと思っていたとしても、それが仕事である以上、意義はあります。そこに意義を見いだす努力をしましょう。そうすれば働き方の改善点も見えてくるかもしれませんし、思っていた以上に仕事が楽しめるようになるかもしれません。

---

15 「健康な人」とは、ここでは「心理的に健康な人」すなわち「自己実現する人」のことを指している。

16 『マズローの心理学』（フランク・ゴーブル著、小口忠彦監訳、産業能率大学出版部、1972年、153ページ）

We hear of some who walk amongst you in rebellion, who don't work at all, but are busybodies. Now those who are that way, we command and exhort in the Lord Jesus Christ, that they work with quietness and eat their own bread.

✎ 単語・熟語
▶

rebellion ▶ 反抗 **busybody** ▶ 世話焼き

◖ **ワンポイントアドバイス** ◗

amongst はイギリスでよく使われる英単語ですが、意味は among と同じです。このように頻繁に使われる英単語の中にもイギリス英語とアメリカ英語とでは綴りが異なるものがたくさんあり、例えば、whilst もイギリスでよく使われますが、意味としては while と同じです。

40 勤勉になる

なまけ者よ、ありのところへ行き、／そのすることを見て、知恵を得よ。／ありは、かしらなく、つかさなく、王もないが、／夏のうちに食物をそなえ、／刈入れの時に、かてを集める。

(箴言 6:6-8)

スティーブン・R・コヴィー博士は次のように述べています。

「応急処置で短期的な成功ばかり求めていると、収穫しようとするときに、蒔いたつもりの種とは違う果実がなっていることに気づくのである。従来のパラダイム（近道・宣伝・口のうまさ・個性主義によって作られたパラダイム）から生まれた方法や習慣が、期待どおりの結果を導き出すことは少ない」[17]

ちまたには短期間で簡単に成功が手に入る"魔法の杖"があふれています。例えば、10日間で英語がペラペラになる方法、1週間で5キロ痩せることができ

る方法、1年で2倍に増やせる投資法、競馬必勝法、恋愛成就法…。

怠惰な人であればあるほど、こうした謳い文句に惹きつけられることでしょう。

しかし、勤勉に努力しない人がそのような"魔法の杖"を使って期待どおりの結果が得られるでしょうか。コヴィー博士の言うとおり、期待どおりになる可能性は低いでしょう。

本当に価値のあるものは、勤勉な努力の結果として手に入るものです。逆に言えば、勤勉に努力しなければ手に入らないからこそ価値があるといえるのです。

---

17 『7つの習慣　最優先事項』（スティーブン・R・コヴィー著、宮崎伸治訳、キングベアー出版、94ページ）

Go to the ant, you sluggard. / Consider her ways, and be wise; / which having no chief, overseer, or ruler, / provides her bread in the summer, / and gathers her food in the harvest.

✏ 単語・熟語

ant ▶ アリ

sluggard ▶ 怠け者

consider ▶ じっと見る

wise ▶ 賢明な

chief ▶ かしら

overseer ▶ 監督する人

ruler ▶ 支配者

provide ▶ 備える

harvest ▶ 収穫期

◗ ワンポイントアドバイス ◖

関連表現を覚えましょう

white ant ＝「シロアリ」

army ant ＝「グンタイアリ」

slave ant ＝「奴隷アリ」

worker ant ＝「働きアリ」

queen ant ＝「女王アリ」

聖書の基礎知識 ❹

[パウロ （紀元前 10 年頃～紀元 65 年頃）]

　パウロ[18]はキリスト教史上最大の使徒・聖人といわれています。彼は小アジア・タルソスのユダヤ人家庭に生まれ、生後 8 日目に割礼を受けてユダヤ教徒による厳格な教育を受け、パリサイ主義[19]を至上のものとして信じ、キリスト教を迫害していました。

　そんな彼でしたが、キリスト教徒迫害のためエルサレムからダマスカスに行く途中、「サウロ、サウロ、なぜわたしを迫害するのか」（使徒行伝 9:4）という天からのイエスの声を聞いて回心し、キリスト教迫害者から宣教者へと転向したのでした。

　彼はこの回心をきっかけとして伝道者としての生活に入り、特に異邦人への布教を使命として小アジア、マケドニアなどへ伝道を行ないました。彼の伝道によりキリスト教がユダヤ教から世界へと脱皮するきっかけとなったことは特筆に値します。彼の宣教の中心は、キリストと共に死に、またキリストと共に生きる恵みを伝えることでした。新約聖書に収録されている 21 通の書簡のうち、彼が書いた書簡は 13 通にも及びます。

　しかし、第 3 回目の伝道旅行を終えてエルサレムに着いたパウロは、反対派の律法主義者らの扇動により騒がれ、訴えられ 2 年間の監禁状態におかれました。しかしこれにより彼は弁明する機会が得られたのでした。

　その後、ローマ皇帝カイザルに上訴し、困難な地中海の航海をなしてローマに送られ、入獄生活を強いられた後、ローマ皇帝ネロの迫害によって殺されました。

18　ヘブライ名はサウロという。
19　律法を厳格に守り、細部に至るまで忠実に実行することによって神の正義の実現を追及するのを是とする主義。

第 5 章

欲を手放す

41 物に執着しない

あらゆる貪欲[1]に対してよくよく警戒しなさい。たといたくさんの物を持っていても、人のいのちは、持ち物にはよらないのである。

(ルカによる福音書 12:15)

吉田兼好[2]が書いたとされる『徒然草』に次のような箇所があります。

「万の事は頼むべからず。愚かなる人は、深く物を頼む故に、恨み、怒る事あり。勢ひありとて、頼むべからず。こはき者先ず滅ぶ。財多しとて、頼むべからず。時の間に失ひ易し」[3]

『徒然草』が書かれた14世紀という時代にも、現代と同じようにお金、名誉、地位…といった世俗的な成功を求める人がいたということが、この文章から読み取れます。

しかし世俗的な成功は「幸せの源泉」ではなく、「幸せの象徴」にすぎないのです。たとえ手に入れたとしても幸せは保証されません。

「幸せの象徴」を貪欲に求めることは、彼が言うとおり"愚かな"ことです。幸せになりたければ、「幸せの象徴」ではなく「幸せの源泉」(人間としての美徳を身につけること)を身につける努力をしましょう。

1 貪欲は、キリストが挙げた12の悪徳の1つである。
2 鎌倉時代末期から南北朝時代にかけての歌人・随筆家。彼が書いたとされる『徒然草』は日本三大随筆の一つとされる。
3 『徒然草』第211段(西尾実・安良岡康作校注、岩波文庫、1928年、351ページ)

Beware! Keep yourselves from covetousness,
for a man's life doesn't consist of the abundance of the
things which he possesses.

▶ 単語・熟語

beware ▶ 注意する　　　**keep ～ from** ▶ ～から守る　　　**covetousness** ▶ 欲

consist of ▶ ～から成る　　　**abundance** ▶ あり余る量　　　**possess** ▶ 持っている

◯ ワンポイントアドバイス ◯

keep ～ from で「(人・物・事が) (人・物) に～させない (ようにする)」という意味になります。例えば、Keep the wagon from overturning. (配膳台をひっくり返さないようにしなさい。)、Is she keeping you from your work? (彼女は君の仕事を妨げていますか。) などのように使います。

42 謙虚になる

あなたがたのうちでいちばん偉い者は、仕える人でなければならない。だれでも自分を高くする者は低くされ、自分を低くする者は高くされるであろう。

(マタイによる福音書 23:11-12)

難関試験に合格した、大ヒット商品を開発した、コンクールで優勝した…。思い描いていた成功が手に入ると、成功が手に入れられない人の欠点が目につくようになることはないでしょうか。

もし、あるとしたら、要注意です。

自分なりに「成功」と思っていたとしても、あくまで一つの尺度で見た場合の「成功」にしかすぎません。そのような「成功」を手にしたからといって、神の目から見れば、偉くも何ともないのです。高ぶるなんてのはもってのほかです。

聖書では、「高ぶり」に警鐘を鳴らす箇所が随所にあります。

「高ぶりは滅びにさきだち、／誇る心は倒れにさきだつ」[4]

「人の高ぶりはその人を低くし、／心にへりくだる者は誉を得る」[5]

「神は高ぶる者をしりぞけ、へりくだる者に恵みを賜う」[6]

神の目からすれば、私たちは皆兄弟なのです。本当に偉いのは、神だけであり、高ぶってもいい人はいないのです。そうわきまえて、高ぶることなく、つねに謙虚に神に仕えましょう。

4　箴言 16:18
5　箴言 29:23
6　ペテロの第一の手紙 5:5

He who is greatest among you will be your servant.
Whoever exalts himself will be humbled, and whoever
humbles himself will be exalted.

✎ 単語・熟語

servant ▶ 奉仕者　　　　　exalt ▶ 得意にさせる　　　　　humble ▶ （地位などを）落とす

◯ ワンポイントアドバイス ◯

whoever を関係代名詞として使う場合、anyone who、any people who と同じ「〜する人はだれでも」や、the person who と同じ「（だれか知らないが）〜する人」という意味になります。ただし、疑問代名詞として who の強調形としても使うことができます。例えば、Whoever told you that? といえば、「いったいだれがそんなことを言ったのか。」という意味になります。

43 質素な生活に満足する

> わたしたちは、何ひとつ持たないでこの世にきた。
> また、何ひとつ持たないでこの世を去って行く。
> ただ衣食があれば、それで足れりとすべきである。
>
> （テモテへの第一の手紙 6:7-8）

　古代ギリシャの哲学者アリストテレスは幸福の条件について次のように述べています。

　「幸福であるためにはいろいろ大がかりなものを必要とするであろうなどと考えてはならない。（中略）ほどほどのものからしてもひとは徳に即して行為することができるはずであり、（中略）その程度のものがあれば充分である」[7]

　実際、一定の収入を超えてしまうと、いくら稼いだとしても幸福度はあがらないという調査結果もあります。言い換えれば、幸福になるには一定の収入さえあれば事足りるのであって、それ以上は不要なのです。

　必要以上に富を得ようとしている人は、なぜそこまで富を得たいのでしょうか。おそらくそれがさらなる幸福につながると考えているからではないでしょうか。しかし現実はそうではありません。必要以上の富に執着しても、幸福につながらないどころか、逆に不幸につながりかねないのです。

---

7 『ニコマコス倫理学（下）』（アリストテレス著、高田三郎訳、岩波文庫、1973 年、181 ページ）

We brought nothing into the world, and we certainly can't carry anything out. But having food and clothing, we will be content with that.

単語・熟語

certainly ▶ 確かなことには   content ▶ 満足して

⬤ ワンポイントアドバイス ⬤

「満足して」に相当する英単語には content と satisfied がありますが、ニュアンスが異なります。content は「ほどほどのところで満足して」や「甘んじて」というニュアンスですが、satisfied とは「完全に満足して」というニュアンスがあります。また、「運命や状況に身を任せる」というニュアンスで「甘んじている」というときには、resign oneself to を使うこともできます。

例) He has resigned himself to the present situation.（彼は現在の境遇に甘んじている。）

誘惑に気をつける

だれでも誘惑に会う場合、「この誘惑は、神からきたものだ」と言ってはならない。神は悪の誘惑に陥るようなかたではなく、また自ら進んで人を誘惑することもなさらない。人が誘惑に陥るのは、それぞれ、欲に引かれ、さそわれるからである[8]。

(ヤコブの手紙 1:13-14)

人間の魂には理性の部分と欲望の部分があるといわれています。言い換えれば、心の中の「天使」と「悪魔」といえるかもしれません。

ただ、欲望はだれもが持っているものであり、必要以上に罪悪視する必要はないとアリストテレスは述べています。つまり、欲望そのものは「悪魔」ではないのです。

考えてもみてください。人間といえども動物なのです。食欲もあれば睡眠欲や性欲もあり、金銭欲も承認欲もあるのです。そのすべてが「悪魔」だといっていたら、人生、楽しみはほとんどなくなるでしょう。お腹が空こうが食べてはいけないのなら、生きていくことすらできません。

問題なのは、欲望を暴走させてしまうことです。例えば、してはならないことがわかっていながら、誘惑に負けてやってしまう、というのがその例です。

神は人間を誘惑することなどありません。自分を誘惑するのは自分の欲望です。欲望を暴走させないようにするには、良い習慣を身につけることが効果的です。というのも習慣化さえしてしまえば、欲望も穏やかになるからです。

8　自己中心的な欲望が人々を罪の法則に仕えさせ、罪が支払う報酬は死である。

Let no man say when he is tempted, "I am tempted by God," for God can't be tempted by evil, and he himself tempts no one. But each one is tempted when he is drawn away by his own lust and enticed.

▶ 単語・熟語

let ▶ 〜することを許す　　tempt ▶ 誘惑する　　draw away ▶ （注意などを〜から）そらす

entice ▶ さそう

◯ ワンポイントアドバイス ◯

使役動詞 let は「〜することを許す」という意味で使います。この聖句では Let no man say 〜で始まっており、この箇所を直訳すれば、「だれかが〜と言うのを許してはならない」となります。

45 富は人のために使う

富んでいる者が天国にはいるのは、むずかしいものである。また、あなたがたに言うが、富んでいる者が神の国にはいるよりは、らくだ[9]が針の穴を通る方が、もっとやさしい。

(マタイによる福音書 19:23-24)

この箇所でイエスは、富むこと自体を否定したかったのでしょうか。富んでいる人は、それだけで地獄行きが決まるのでしょうか。もしそうなら貧しいことが良いことなのでしょうか。貧しければ貧しいほど良いことなのでしょうか。

じつはそうではありません。この箇所でイエスは、富むこと自体ではなく、富むことに執着することに警鐘を鳴らしたかったのです。

事実、富そのものは、良いものでも悪いものでもありません。使いようによって良くなったり悪くなったりするだけなのです。

例えば、富を世のため人のために使えば、困っている人を助けることができます。これは良い使い方といえます。このような使い方をすれば、天国に入れる可能性が高まります。

一方、富むことに執着するがあまり不正な手段で富を得る人がいます。イエスはそのような人が天国に入るよりは「らくだが針の穴を通る方が、もっとやさしい」と述べました。つまり、そのような人が天国に入るのは不可能ということなのです。お金の使い方を考えましょう。使い方しだいで天国に入るか地獄に入るかが決まります。

9 ラクダは荷物を運搬するときに用いられ、ラクダの毛はテントや衣服を作るのに使われた。

A rich man will enter into the Kingdom of Heaven with difficulty. Again I tell you, it is easier for a camel to go through a needle's eye than for a rich man to enter into God's Kingdom.

単語・熟語

camel ▶ ラクダ   go through ▶ 通り抜ける   needle ▶ 針

ワンポイントアドバイス

with difficulty の反対を意味する場合、without difficulty のほかにも with ease ともいえます。

46 本当に頼りになるものを身につける

> むしろ自分のため、虫も食わず、さびもつかず、
> また、盗人らが押し入って盗み出すこともない
> 天に、宝をたくわえなさい。あなたの宝のある
> 所には、心もあるからである。
>
> （マタイによる福音書 6:20-21）

サミュエル・スマイルズ[10]は富についてこう述べています。

「富は、人格を高めるためにはなおさら必要ではない。それどころか、かえって人格をゆがめ、堕落をまねく原因になることが多い。富と堕落、贅沢と悪徳、これらはたがいに密接な関係にある」[11]

一生困らないだけのお金を持っているのにも関わらず、さらにお金を増やそうと投資相談に来る人が後を絶たないという話があります。お金の魅力は、人によってはそれほど強烈なものなのでしょう。

しかし富を手にしているだけでは、幸福になれないどころか、かえって不幸になりかねません。

サミュエル・スマイルズは、「ほどほどの貧しさと最高の人格とは両立し得る」[12]として、富を得ようとするより人格を磨くことを勧めました。というのも人格を磨けば、富以上の「富（つまり他人からの尊敬や名声など）」が手に入るからであり、富を得るよりも幸せになれるからです。

富を得るのがいけないわけではありません。しかし、人格を磨くことを優先して考えましょう。人格が伴わなければ、富を得ても幸せになれる保証などないのですから。

10　イギリスの作家、医者。
11　『向上心』（サミュエル・スマイルズ著、竹内均訳、三笠書房、1987年、60ページ）
12　同上

Lay up for yourselves treasures in heaven,
where neither moth nor rust consume,
and where thieves don't break through and steal;
for where your treasure is, there your heart will be also.

単語・熟語

lay up ▶ 貯えておく　　　　consume ▶ 消耗する　　　thief ▶ 泥棒

break through ▶（強盗などが）打ち破る

ワンポイントアドバイス

類義語をチェックしましょう。

「消滅する」＝ consume, disappear, perish, vanish, lapse

「消耗する」＝ consume, exhaust, drain, waste

「浪費する」＝ consume, waste, squander, lose, throw about

「泥棒」＝ thief, robber, crook

「こそ泥」＝ thief, sneak thief, porch climber, cat burglar

47 褒められようとしない

> 自分の義[13]を、見られるために人の前で行わないように、注意しなさい。もし、そうしないと、天にいますあなたがたの父から報いを受けることがないであろう。
>
> （マタイによる福音書 6:1）

　人間、だれしも承認欲求を持っています。それ自体、悪いことではありませんが、褒められるためにこれ見よがしに自分の努力をひけらかしていると、褒めてもらえなくなるだけではなく、他人から信頼されなくなるので注意しましょう。

　褒められることを目的に何かをするというのは、"人のため"にやっているように見えても、結局、"自分のため"にやっているのです。褒められることがその目的です。

　それをわざわざ、これ見よがしにやっていると、周りの人たちは、「この人は

こんな小さなことでも、褒められたいがためにしかやらない人なんだ」と思ってしまうでしょう。そして「ということは、もっと大きなことをするときは、もっと大きな賞賛を求めるに違いない」と思って、その人には大きな仕事を依頼しなくなるでしょう。逆に、良い行ないも黙ってやっていれば、評価が高くなります。褒めてもらいたがっているわけではないということが伝わるからです。

　良い行ないは黙って行ないましょう。そうすることで、高い価値が生まれるのです。

13　ここでいう「義」は貧しい人々に施しをすることを指しているが、この聖句を自分の教訓として活かすのなら「義」を「良い行ない」と読み替えても良いであろう。

Be careful that you don't do your charitable giving before men, to be seen by them, or else you have no reward from your Father who is in heaven.

単語・熟語

careful ▶ 注意深い　　　　charitable ▶ 慈悲深い

ワンポイントアドバイス

類義語を覚えましょう。

「慎重な」 = careful, prudent, cautious, deliberate, discreet

「注意深い」 = careful, thoughtful, attentive, cautious

「慈悲深い」 = charitable, merciful, gracious, benign, humane

「報い」 = reward, retribution, penalty, pay, harvest

48 欲に振り回されない

地上の肢体[14]、すなわち、不品行、汚れ、情欲、悪欲、また貪欲を殺してしまいなさい。（略）これらのことのために、神の怒りが下るのである。

（コロサイ人への手紙 3:5-6）

　人間は理性を授かって生まれてきているとはいえ、動物でもあることは否定できず、動物的な欲望がまったくない人などいません。

　しかし、無理に動物的な欲望を押さえつける必要はありません。大切なことは、動物的な欲望を理性に従わせることなのです。平たく言えば、「わかっちゃいるけど止められない」や「わかっちゃいるけどなかなかできない」ということをなくすことです。「わかっている」のなら「わかっている」とおりにやればいいのです。しかし、それが難しいから多くの人は悩むのです。

　では、動物的な欲望を理性に従わせられるようにするにはどうすればいいでしょうか。この点に関し、アリストテレスは良い習慣づけを、カントは訓練を勧めました。要するに、動物的な欲望を理性に従わせるには、そのために積極的に努力しなければならないということです。

　「わかっちゃいるけど止められない」や「わかっちゃいるけどなかなかできない」が思い当たる人は、「わかっている」とおりにする努力をしてみましょう。その1回1回の努力によって私たちはより良い人間になっていくのです。

14　「地上の肢体」の箇所を「地上的なもの」と訳している訳本『新共同訳聖書　聖書辞典』もある。
15　原典では , which is idolatry だが、本書では省略した。

Put to death your members which are on the earth: sexual immorality, uncleanness, depraved passion, evil desire, and covetousness (...) [15] *. For these things' sake the wrath of God comes on the children of disobedience.*

単語・熟語

immorality ▶ 不道徳　　　uncleanness ▶ 不潔　　　depraved ▶ 堕落した

passion ▶ 熱情　　　for O's sake ▶ ～の理由で　　　disobedience ▶ 反抗

ワンポイントアドバイス

passion は「熱情」という意味がありますが、a をつけて a passion とすれば「かんしゃく」という意味になります。He is in a passion.（彼はかんしゃくを起こしている。）などと使います。また、the Passion といえば、「キリストの受難」という意味になります。

49 よこしまな考えを捨てる

> もしあなたの右の目が罪を犯させるなら、それを
> 抜き出して捨てなさい。五体の一部を失っても、
> 全身が地獄に投げ入れられない方が、あなたに
> とって益である。もしあなたの右の手が罪を犯さ
> せるなら、それを切って捨てなさい。
>
> （マタイによる福音書 5:29-30）

　この聖句には「右の目が罪を犯させる
なら」や「右の手が罪を犯させるなら」
という言葉がありますが、いったいどの
ようなことを言っているのでしょうか。
これは「心の中でみだらなことを思い描
いたら」という意味なのです。

　じつは聖書にはこの直前にこう書かれ
てあります。

　「『姦淫するな』と言われていたことは、
あなたがたの聞いているところである。
しかし、わたしはあなたがたに言う。だ
れでも、情欲をいだいて女を見る者は、
心の中ですでに姦淫をしたのである」[16]

　私たちは何か行動するとき、まず心の
中で「これをしよう」や「あれをしよう」

と思い描いてから行動をすることがほと
んどです。悪事を働く場合も同じで、ま
ず心の中にすることを思い描いてから、
それを実行に移しているのです。

　悪事を思い描いたとしても、実行に移
さなければいいと考える人もいることで
しょう。しかしこの聖句は心の中に悪い
ことを思い描いた段階で、すぐにそれを
捨て去りなさいと警鐘を鳴らしているの
です。なぜなら、悪いことを思い描いて
いれば、何かのきっかけで悪事を働く衝
動にかられるからです。ですから、手遅
れにならないうちに、"それを抜き出して
捨てなさい"と教えてくれているのです。

[16]　マタイによる福音書 5:27-28

If your right eye causes you to stumble, pluck it out and throw it away from you. For it is more profitable for you that one of your members should perish than for your whole body to be cast into Gehenna. If your right hand causes you to stumble, cut it off, and throw it away from you.

 単語・熟語

pluck out ▶ むしり取る　　　**throw away** ▶ 捨てる　　　**profitable** ▶ 有益な

perish ▶ 消える　　　**cut off** ▶ 切り離す

◯ **ワンポイントアドバイス** ◯

cause は「（人・事に）〜させる（原因となる）」や「（結果的に）〜させる」という意味として使われます。例えば、His behavior caused me to laugh. といえば、「彼のしぐさに私は笑ってしまった。」という意味で、His behavior made me laugh. と言い換えることもできます。ただし、make や have という使役動詞とは違い、偶発的・無意識的なので、deliberately や intentionally とは共に使うことはできません。

50 物惜しみせず分かち合う

> 施し散らして、なお富を増す人があり、／与えるべきものを惜しんで、／かえって貧しくなる者がある。／物惜しみしない者は富み、／人を潤す者は自分も潤される。
>
> （箴言 11:24-25）

哲学者アリストテレスは、倫理的卓越性（アレテー）として、中庸の精神を説きました。

「倫理的卓越性」とは、平たく言えば、他人と関わるとき、何ごとも度を越さないように心がけていれば、うまくいくということです。アリストテレスの言葉を借りれば、「然るべきときに、然るべきことがらについて、然るべきひとに対して、然るべき目的のために、然るべき仕方」[17]で行なうことです。

節約に関して言えば、節約すること自体は悪いことではありませんが、あまりに節約しすぎて吝嗇になるのは悪い、ほどほどに節約しておくのがいいということです。

金遣いに関して言えば、際限なく浪費するのは悪いことですが、かといって出すべきところも出し渋りすぎるのも良いことではない、出すべきところでは出すべきであり、出すのも出さないのも度を越してはならないということです。

要するに、お金に関して言えば、その場その場で最も適した使い方をすべきということなのです。

---

17 『ニコマコス倫理学（上）』（アリストテレス著、高田三郎訳、岩波文庫、1971 年、70-71 ページ）

There is one who scatters, and increases yet more. /
There is one who withholds more than is appropriate,
but gains poverty. / The liberal soul shall be made fat. /
He who waters shall be watered also himself.

✎ 単語・熟語

scatter ▶ ばらまく

increase ▶ 増す

withhold ▶ 与えずにおく

appropriate ▶ 適切な

poverty ▶ 貧困

liberal ▶ 気前のよい

soul ▶ 〜な人

water ▶ 水を飲ませる

◯ ワンポイントアドバイス ◯

soul の前に形容詞をつけると「〜な人」という意味で使うことができます。例えば、a simple soul で「素朴な人」、a kindly old soul で「心の優しい老人」となります。上の聖句では the liberal soul（物惜しみしない者）として使われています。

聖書の基礎知識 ❺

[古い戒めとイエスの教え]

　イエスはガリラヤ湖を望む丘に登り、弟子たちや集まった群衆に向かって説教を行ないました。これは後の神学者アウグスティヌス[18]によって山上の説教[19]と呼ばれ、その言葉が定着しました。

　イエスはこの山上の説教で古い教えを改め、新しい教えを説いています。イエスの説教の真骨頂といってもいいでしょう。その例を箇条書きにして挙げましょう。

①「殺してはいけない」→「腹を立ててはいけない。兄弟に腹を立てる者はだれでも裁きを受ける」

②「姦淫するな」→「みだらな思いで他人の妻を見る者はだれでも、既に心の中でその女を犯したのである」

③「離縁のときは離縁状を渡せ」→「離縁してはいけない。不法な結婚でもないのに妻を離縁する者は、その女に姦通の罪を犯させることになる。離縁された女を妻にする者も、姦通の罪を犯すことになる」

④「偽りの誓いをするな」→「いっさい誓ってはならない」

⑤「目には目を、歯には歯を」→「悪人に手向かってはならない。だれかがあなたの右の頬を打つなら、左の頬をも向けなさい」

⑥「隣人を愛し敵を憎め」→「敵を愛し、自分を迫害する者のために祈りなさい」

　イエスの説教を聞いた弟子たちは、その重みをかみしめ、布教に励みました。

18　初期西方キリスト教会の教父。彼の神学と哲学的思索は中世のみならず後世のキリスト教思想の展開に多大な影響を与えた。

19　「山上の垂訓」とも呼ばれる。

索 引

参考文献	『新訳聖書 スタディ版 わかりやすい解説つき聖書 新共同訳』（日本聖書協会、2004 年）
	『The NIV Study Bible: New International Version』（Zondervan、2011 年 ）
	『新共同訳 聖書辞典』（新教出版社、2017 年）
	『入門 キリスト教（洋泉社 MOOK)』（洋泉社、2012 年）
	『楽しく学べる 聖書入門』（関田寛雄監修、ナツメ社、2011 年）

［著者プロフィール］

宮崎伸治

青山学院大学国際政経学部卒、英シェフィールド大学大学院言語学研究科修了、金沢工業大学大学院工学研究科修了、慶應義塾大学文学部卒、英ロンドン大学哲学部卒および神学部サーティフィケート課程修了、日本大学法学部および商学部卒。著訳書は約60冊にのぼる。著書に『出版翻訳家なんてなるんじゃなかった日記』（三五館シンシャ）、『自分を変える！　大人の学び方大全』（世界文化社）、『時間錬金術』（ディスカヴァー・トゥエンティワン）が、訳書に『7つの習慣 最優先事項』（キングベアー出版）などがある。

聖書英語なぞるだけ 増補版

2024 年 2 月 26 日初版第 1 刷発行

著者　　　　宮崎伸治

発行者　　　安在美佐緒
発行所　　　雷鳥社
　　　　　　〒 167-0043　東京都杉並区上荻 2-4-12
　　　　　　TEL 03-5303-9766 ／ FAX 03-5303-9567
　　　　　　http://www.raichosha.co.jp ／ info@raichosha.co.jp
　　　　　　郵便振替　00110-9-97086

デザイン　　折原カズヒロ
協力　　　　小林美和子
印刷・製本　株式会社丸井工文社
編集　　　　庄子快

ISBN 978-4-8441-3801-3 C0082